精神宇宙探索記

変性意識を使って訪れた星雲界で見つけたものとは

松村 潔

ナチュラルスピリット

c o n t e n t s

contents 目次

i n t r o d u c t i o n

序

わたしたちの観察力の発揮のしかたには二種類あり、ひとつは脳脊髄神経系によって認識するものだ。これは、見たものをそのまま認識する力である。体壁系として、目や口や耳によって認識する知覚で、動物系とも言われている。もう一つは、主に自律神経によって認識するもので、あらゆるものを内的に理解する。これは植物系と言われている。動物系の中心にあるのは脳で、植物系の中心にあるのは心臓。常に脳と心臓は通信しあってはいるが、現代人は脳を過剰に重視する傾向がある。

古い時代の人々は、現代人と違って植物系知覚ということに優れていて、この知覚によって、星を見て、その神話を作った。現代の脳脊髄神経系で判断する人々は、この古代の人間が星の神話を作ったのは、星のつらなる形を見てそこから連想する物語を創作したのではないかと思っているが、実際には、植物系の知覚を使って内的に星を理解したのであり、そのことを現代的な知性は理解していない。

わたしたちは強硬な信念体系に支配されていて、この信念体系に支配されると、抑圧された生き方になり、誰でも、常に暴力的になってしまうことを避けられない。でも、この状態では、わたしたちは地球生活に閉じ込められて、それ以外の可能性がたくさんあることを理解することができない。わたしはこの信念体系ということに対して、以前は遠慮していたのだが、最近は、それに気を使う必要はないのではないかと思うようになり、今回のような宇宙に関する本を書くようになったということだ。それは目で見た、あるいは科学的に認識する宇宙でなく、内臓系知覚の、自律神経系によって認識された宇宙像だ。

恒星探索をする時には、一番手っ取り早いのが、バイノーラルビートを使ってシータ波の脳波になり、目的の宇宙や恒星に飛んでいくことだ。脳波は日常のベータ波の時には、肉体感覚に縛られ、つまり動物系、体壁系の知覚に集中する。アルファ波、シータ波になるにつれて、この個の輪郭から解放され、個の意識ではない知覚にシフトする。科学は基本的に、物質的、肉体的な個の意識を土台にして考察するものなのだが、シータ波の非個人としての意識で見ると、わたしたちはどんなところにでも接触し、どんなところにでも飛んでいく。

このようにして到達した恒星や星座では、なんらかの知性体と接触することもある。人間と同じように肉体を持ち、人間と同じような生活をする人々は、恒星ではなく、恒星の周囲を回る惑星に住んでいる。というのも惑星が回転するということの中に、時間の経過が存在し、個体としての経験が生じるからだ。一方で、恒星そのものには肉体を持つ知性体は存在しない。それは神話・元型的な存在形態としての意識が根付くものであり、それらをわたしたちは生き物として認識できない。でもシータ波で到達すると、このような意識とダイレクトに接触することも多い。圧倒的な押しの強さというか、会話が成り立たないものであることが多い。わたしたちが一方的に受け取るだけだ。

こうした探索はとても面白い。それを科学的にどうやって説明できるのかというところでは、もう書いたように科学的な視点は、体壁系、動物系、脳脊髄神経系で受け取る印象だけを活用するので、この探索はまったく科学的でないと断言したほうがいいだろう。ハートでは理解できるが、脳ではあまりよく理解できない体験なのだ。

〝こんなイメージを見たのですが、これはどういう意味ですか〟とよく聞かれるが、この質問をしているのは脳の側だ。心臓、ハートの側では、まず質問はしてこない。直接理解して終わり。そして脳が納得する説明をしても、これは永遠に続きそうな問答になるので、最近はもう説明しないようにしている。質問してただ戯れているだけなのだから。本書に書いている順番のツアーを試みてほしい。頭では理解できないけれど、強烈にハートに働きかけてくる体験をするはずだ。

chapter 1

宇宙ツアー

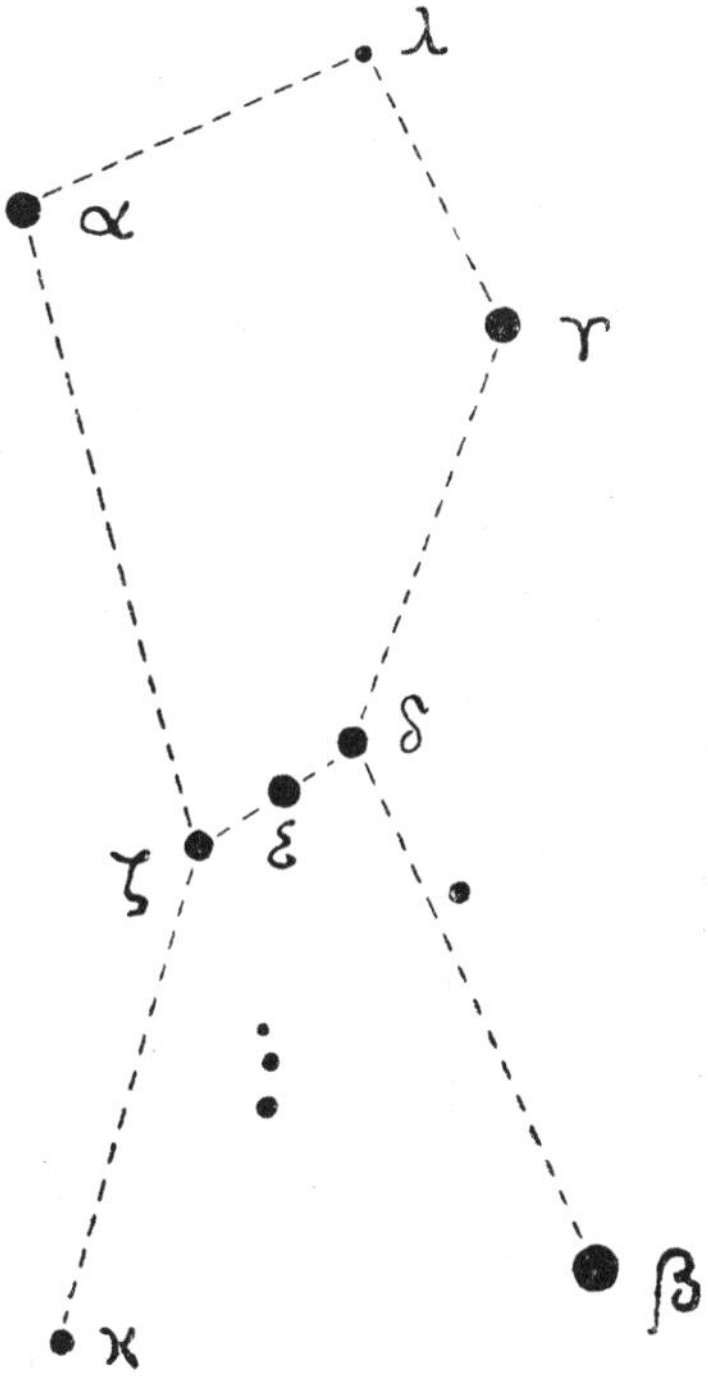

精神宇宙探索をする理由

2016年9月に、わたしはシナプスというオンラインのサロンで、「精神宇宙探索集会」というものを実験的にオープンした。これはFacebookのシステムを活用したもので、登録した人だけが参加できる。精神宇宙探索講座自体はその1年ほど前から実施していたのだが、直接人がやって来る講座というものはたいていいつのまにか同じ人ばかりが参加することになりがちなので、もう少し柔軟な集まりにしてみたかったというのが、これを始めた理由だ（サロンはすでに閉鎖した）。

精神宇宙探索は文字通り精神によって行うもので、何らかの手段で脳波をシータ（θ）波の状態にし、変性意識で宇宙に飛ぶ。この時、星雲界には地球に関係のあるいくつかの星系があるが、その星系同士であまりかみ合わないものもある。そのため、精神宇宙探索講座に参加した人たちの間で、所属が違う人たちが少しばかりぶつかるという場合もある。星系に飛ぶというのは、意識の根源的領域に向かうことになるので、そこではどうしても譲ることのできないものが出てくるケースが多いのだ。

そもそもシータ波になるということは、個人としての防衛をしないということになり、隣にいる人と体験を共有したり、中には〝放送局〟になってしまう人も出てくるなど、思い切り集団によって引きずり回されることになる。ブルース・モーエン*は集団探索を好んでいるが、〝宇宙旅行〟になると、そうも言えないのではないかと思う。

地球上の民族は、ドゴン族*がシリウスだったように、何らかの形で、どこかの宇宙をルーツにしている場合が多い。日本にも旧家と呼ばれる古代から続く家系がたくさんあるが、これは大化の改新以後、藤原（中臣）氏の勢力があらかたの絶滅を計画した。そのため、現代においては、はっきりとわかる形では残っていないことが多いのだが、この日本の旧家も星雲界のどれかに関係している。とはいえ、一般に言う国家や民族は人為的・政治的に作られたもので、そこに根底的な意義があるとは思えない。いま日本人と言っても、純粋な日本人など存在しない。ここでいう日本の旧家というのも、実は日本人であるとは言い難いものがある。

＊ブルース・モーエン
アメリカの神秘家。『死後探索』などの著作がある。『死後の世界と宇宙の謎をめぐる対話』（アールズ出版）という共著がある。

＊ドゴン族
アフリカのマリ共和国に暮らす少数民族。彼らの神話には、シリウスが連星であるという、天文学を持たない彼らが知りうるはずのない「事実」が含まれていることから論議を呼んだ。

この旧家は魂の血筋のようなものだ。同様に多くの人が記憶の奥底を探ると、どこかの星雲界のルーツを思い出すことになる。かなりの人がある恒星、あるいはその恒星をめぐる惑星からやって来ているからだ。これには「スターシード」*という昔懐かしい言い方もできる。歴史的に考えるとギリシャ時代以後、さらにキリスト教出現以後、こうしたさまざまな星雲界のルーツは消し去られ、一つの太陽のもとに同じ姿勢で生きるという太陽神信仰が主流になってくる。そうでもしないと、まとまった大きな社会というのは作ることができないからだ。そのために星雲界のことは忘れるようにという圧力がかかるのである。

高次思考センターと星雲界

神秘主義思想家のG・I・グルジェフ*は人間の身体には七つのセンターがあると言う（図1）。あるいは、しばしば七つのうち三つを一つにまとめて、合計で五つのセンターと呼ぶこともある。この中で、高次なセンターとしては、高次思考センターと高次感情センターがある。星雲界ルーツと

＊スターシード
地球を救うために異星から地球に生まれ変わりを果たした魂がいると考える人たちが、その魂をこう呼んだ。

＊G・I・グルジェフ
20世紀前半に活躍、ヨーロッパに多大な影響を与えた神秘思想家。1874年にアルメニアで生まれ、1949年にフランスのパリで他界。

はこの高次思考センターに当てはまるもので、これ以外はすべて太陽系の中で発達可能なものだ。高次思考センターだけが、太陽系内に所属していない。一方の高次感情センターは、太陽系内で育成することができる。

この高次な要素は誰の中でも働いているが、問題は低次な思考、感情、動作などのセンターが高次なセンターに合わせることができず、結果として高次なセンターはその個人の中に降りてこないという現象が起きやすい点だ。この降りてこない高次の要素こそが、埋もれた星雲界の記憶だと考えてもいい。グルジェフは、高次な領域を開発する必要はなく、そもそも個人が開発することなど不可能で、それよりもそれを受け止め、同調し、追従できる低次なセンターを調整・開発することが重要なのだと指摘する。

多くの場合、さまざまな星系から来た人間

図1　グルジェフの七つのセンター

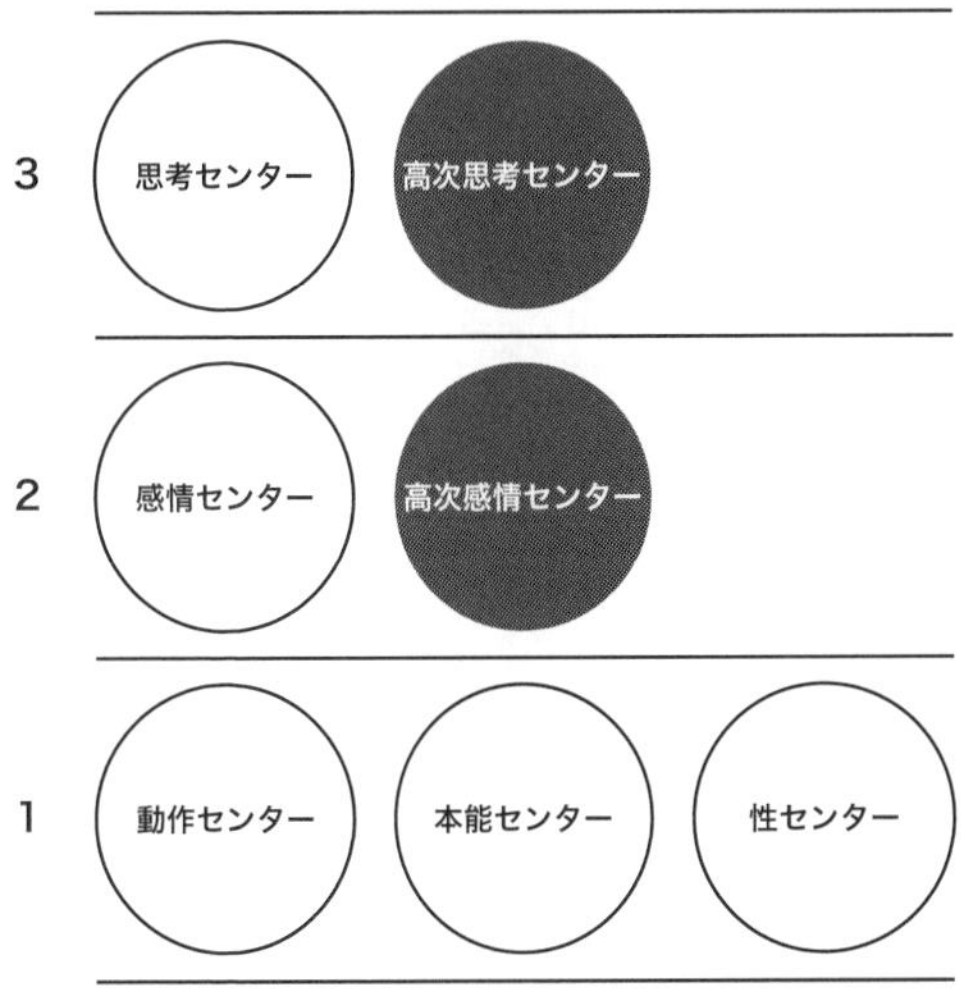

には、記憶を取り戻すためのプログラムが用意されている。地球はきわめて劣悪な環境なので、星からやってきた存在は地上で生まれた時に記憶を失う。正確に言えば、地球人類は、宇宙と同調しないような性質の社会を作り出したのだ。大きな円から小さな円までたくさん重なった同心円を想像してほしい。地球社会は、この中の一つの円だが、他の宇宙の円と共鳴しないように、中心軸をずらしたのだ。この中心軸をずらすためのおびただしい方法が編み出され、その結果、地球はきわめて孤立した環境になった。そのため、わたしたち地球人類はこの宇宙で唯一のものであり、それ以外、知性は存在するはずがないと信じられてきたのだ。

星系から地球に生まれてきた存在が地球社会に適応し、この中で成長しようとすると結果的に記憶を失うことになる。グルジェフが言う、低次なセンターが高次なセンターに同調できず、追跡できないというのも、こういうことなのだ。地球に合わせると、宇宙の記憶を否定する以外に方法がない。地球は他の星系と進化の様相がまったく異なるガラパゴス的原理で働いているので、こんどは宇宙に合わせようとすると地球環境に適合できない人になる。心理面ならまだしも、体質的には困難だ。

そこで、進化した星からやって来る存在は、この通好みとも言える危険地帯に無防備に生まれてくることはせず、目覚まし時計をセットするように、あらかじめウエイク・アップのプログラムを組む。あるいは同じグループから特定の時期に密かに接触を受けたりする。あからさまな接触ではない。もし物質的であからさまな接触が生じると、生体に破損が生じるだろう。身体は地球のものであり、地球的メカニズムから離れるわけにはいかないのだから、そこをねじ曲げることはできない。

このことでわたしが思い出すのは、ある日、ソファでうたたねをしていたときのことだ。目が覚めた拍子に左手の腕が肉体から抜けてしまったのである。つまり、いわゆるエーテル体や幽体と言われる中身が、肉体の腕から抜けたのだ。身体の他の部分はそのままだった。わたしが見た抜けた腕は茶色で、見たこともない奇妙な感じの腕だった。自分は猿なんだろうかと一瞬思った。それよりも驚いたのは、指に大きなルビーのような指輪があったことだ。ずっと後になってわかったのは、これは追跡ビーコンで、わたしを地球の奥地で見失うことがないようにエーテル体につけられていたのだ。他にもこのような体験はたくさんある。そもそも二十代のころから、夢の中に二人の男が頻繁に登場し、ずっと教育係のようなことをしていた。何かを調査して報告してきたり、教えてくれたり。時にはそれは固有名詞なども含んだ内容だった。

星雲界的カルマ

このような目覚めのためのプログラムは、星系によって種類が違うものなので、誰もが似たような経験をするということにはなりにくい。また、稀にまったく記憶喪失したままの場合もある。わたしが始めた精神宇宙探索をする人は、シータ波であちこちの宇宙に行くことが刺激となり、自分の出身を思い出すこともできるのではないかと思う。

思い出すにつれて、星雲界においてのカルマのようなものが浮上することもある。これは地球生活において、あるいは太陽系輪廻の中において作られたカルマとは異なる。個人が抱え込んだ問題ではなく、高次思考センター、つまり大天使の領域においての神話的鋳型によって作られたカルマだ。

高次思考センターの振動密度は、大天使と同一であると、グルジェフの図式（47ページの図2）は表している。このグルジェフの図式は、アリストテレスの生命の階段をさらに細かくしたもので、アリストテレスの場合には、神、天使、人、動物、植物、鉱物というふうにシンプルだ。このうち天使が星雲界に対応する。そして人は惑星に対応する。これについては、あとでもっとくわしく説明しよう。

個人がこの星雲界カルマを乗り越えることは不可能だ。たとえば民族の恨みということを想像してみてほしい。民族の中にいる個人は皆そのことを日常では意識しない。この民族の恨みというのは、数千年経過しても忘れない種類のものだ。シュタイナーは、一つの民族は一人の大天使に相応すると述べているが、ある民族がもう一つの民族を何千年もかけて追跡し、報復するということはありうる。戦争もしばしばそうやって起こる。そして個人一人一人は、戦争のない世の中を作ろうと言っても、個人は自分が所属する民族の意志から自由になることはできない。個人はこの民族の細胞の一つにすぎないのだから。

昔から言われる「悟り」という意識は、統一的な意識の獲得を表しているが、これはいまわたしたちが住んでいる世界の中において中心的なものに至るということだ。わたしたちが太陽系に住んでいる時、悟りとは、この太陽系の中において唯一的な無の意識を表す太陽に匹敵する意識になることを意味する。しかしヘルメス*が言うように、「太陽は下に対して太陽であり、上に向かって月である」から、星雲界においては太陽は絶対ではない。数多くの星のうちの一つにすぎない。

星雲界のカルマは太陽系の中においては見ることができず、無色であり、星雲界に出た時に初めてわかる。悟りについて言えば、太陽意識になる以前に、まずわたしたちは地球に住んでいて、いわば地球意識で生きている。この場合、地球意識を超越した悟りとは全惑星意識を表している。一方、月から地球に脱出した時には、月の凝りかたまった迷妄から脱却することになる。これは、月からの悟りだ。悟りは何段階もあるということなのだ。

＊ヘルメス
ここでのヘルメスとは、ギリシア神話のヘルメス神と、エジプト神話のトート神が合体したヘルメス・トリスメギストスのこと。このヘルメスが語ったとされる古代哲学を記録するのが写本「ヘルメス文書」。これはBC3世紀からAD3世紀に書かれたものと考えられている。

実はその終点をまだ誰も見たことはない。

変性意識とは

この精神宇宙探索ツアーをするには、まずは映像を見る練習が必要だ。映像は、脳波がシータ波になるとくっきりと見えてくる。これは寝入りばなのことを思い出してもらうといい。この時がシータ波の脳波の時で、これを変性意識と言う。それはリラックスして個人ということを脱ぎ捨てる瞬間だ。個人意識を脱ぎ捨てた結果として、個人は昏睡するのである。個人意識ではない部分の「わたし」はちゃんと働いている。しかし個人意識にこだわり、自分というものはこの個人のみなのだと思う人は昏睡し、それ以後何を体験しても記憶には残らない。夢を思い出せないのと同じだ。

わたしはかなり昔に、相当数の会員を誇るある宗教団体の教祖と対談したことがある。その教祖は、大手の出版社からかなりの数の本を出していたのだが、わたしはこの人の姿勢に疑問を感じていた。日常意識とない交ぜに、相当イージーに霊感を働かせていたからだ。わたしが思うに、この人の霊示というのは、明らかに普通に思い浮かんだイメージであると思えるものがたくさん含まれていた。ダジャレとおぼしいものさえあった。日本の教祖にはそういう人が多い。

日常意識と変性意識とを混ぜるべきではない。というのも、混ぜてしまえば、個人としての思惑や都合、エゴなどが大量に混入してしまい、宇宙探索も〝なんちゃって宇宙探索〟になってしまうからだ。実際にその教祖の思想にはかなり大量の個人的偏見が混じっていた。

そこで、日常の意識と変性意識がはっきりと切り替わり、変性意識に入った時には日常の意識は入らないし、日常生活をしている時には変性意識で得るような情報は持ち込まないという、明確な壁を作るのがいいのではないかと思う。西洋魔術のW・E・バトラー*は、魔術的人格と日常の人格は分ける必要があると述べていたが、それは西欧的な人格を持っているタイプの人には大切なことだと思う。

これは変性意識に入るのになかなか苦労するという意味にもなるが、おそらくそのほうがいいだろう。簡単に入れますと言う人もいるが、それは

＊W・E・バトラー
1898～1978年。イギリスの神秘思想家。薔薇十字団の法統を受け継ぎ、西洋魔術についての『魔法修行』『オカルト入門』などの著書がある。

おそらく勘違いをしている。なぜなら、簡単に入れる人は、わたしたちの日常的で物質的な世界観と遮断されていないので、日常の生活と変性意識状態が互いを壊しあってしまう傾向が出てくるからだ。それだと両方が曖昧になってしまう。山蔭神道*はこのトランス状態というものを、何段階かに分けているようだが、それは賢明だ。

わたしの考えでは、日常意識と変性意識をはっきり分けるためにはフルトランスが一番いいと思う。これは切り替わった時に、もう一つの記憶がないという状態だ。しかし切り替わるときの苦痛は、なかなか大変なものがある。

*山蔭神道
天兒屋根命（あめのこやねのみこと）を家祖とする山蔭家に継承される古神道。

バイノーラルビート

脳波をシータ波にするのに一番てっとり早いのはバイノーラルビート*を使うことだが、慣れてくると、この精神状態を自力で再現できる。パターン記憶が身につくようなのだ。バイノーラルビートを知る前は、わたしは頭から足先まで何点かを点検しながらリラックスするということだけをし

*バイノーラルビート
左右の耳から周波数の異なる音を聴くと、その周波数の差分に等しい低周波信号が脳波に影響を及ぼすという考えにもとづいたオーディオ技術。モンロー研究所のヘミシンクなどがこれに当たる。

て、金縛りに入っていた。車でどこかに行き、その場所を調査する時には、車のシートを後ろに倒して、身体の各部位を順番にリラックスさせ、そうやって得た変性意識の中で、その場所を調べていたのである。しかしこれを他の人に教えても、他の人ができると限らないかもしれない。

これに比較すると、バイノーラル・ビートは早い。忙しい現代人にピッタリで、わたしは電車の中でもよくやっていた。たとえば千駄ヶ谷から吉祥寺までの電車の中、その30数分の時間にトランス状態に入って何らかの体験をし、そして吉祥寺でホームに降りる時には日常意識に戻るということもできた。時折失敗して、電車とホームの間の隙間に足を突っ込みそうにはなったが。

変性意識に入る方法は古来から無数にあるし、その人の適性によって得意なものが異なる。振り子を回したり、あるいはダンスによってというのもある。もっとすごいことに食餌解脱という流派もある。ドラッグも食餌解脱の一種かもしれない。となるとアボリジニー*がそうだということにもなる。得意なものがあるなら、それを使うといい。どれが一番いいとは決

*アボリジニー
オーストラリア大陸の先住民。精霊を信仰するアニミズムの文化を持つ。

して言えない。その人にとってもっとも優れたものがあっても、それが他の人にとっても同様に優れているはずだとは言えないのだ。

天空から地上に落ちた女神

最近は、参加者全員が同じ〝変性意識導入法〟を使うことにはあまり賛成できないと考えるようになった。

人間の意識はいくつかの階層でできていて、それぞれの階層は振動密度が違っているが、個性は金太郎飴のように似ている。その人のルーツとなる星雲界意識と、それを受信する高次な感情センター、また日常意識よりも高速な動作・本能の作用、通常の思考・感情・身体は、みな似ているのだ。そして変性意識とは、高次の感情センターがオンになることであり、これは同じタイプの星雲界のみを受信しようとする。高次の感情センターの個性は所属する星雲界と同じ鋳型だ。いわば高次の感情センターは、天空から地上に落ちた女神である。それは故郷に戻りたがっている。別の場所に出向く気はない。

ディオニュソス*が一つの神型、すなわち一つの恒星意識だとして、それに従う高次感情センターの役割をするマイナス教団の巫女たちは、ディオニュソスが葡萄酒の神ゆえに酩酊状態になって受信機能を発揮するということになる。しかも彼女たちは舞踏集団だ。神がかりと酩酊と舞踏と狂気。これらがディオニュソスの示す恒星、星雲界を受信する手かがりであり、たとえばそこに禅の瞑想によって到達するとは考えにくい。

高次の感情センターは、性センターと同じ振動密度で機能する。したがって、この二つは微妙に共鳴しあう。その人のトランスの入り方の個性は、何かしらその人の性的趣向と似ているのだ。これについては、後でもう一度説明したい。理解するには、性センターと高次感情センターの区別などややこしい分別をあらかじめ知っておく必要があるからだ。

ここでわたしが言いたいのは、変性意識に入る手法は、バイノーラルビートや集団誘導などいろいろあるが、誰にとっても適している万能のものはないということだ。トランスに入る自分流の方法を持つのが理想的だ。それはその人の星雲界ルーツと直結している。もしそれを自分で探し出せる

＊ディオニュソス
ギリシャ神話の神。豊穣と酩酊の神で、英語ではバッカス。その秘儀は集団的狂乱と陶酔のうちになされると言う。マイナス（教団）とは、そのディオニュソスを信奉する女性たちのことを言う。

ならば、これほど幸福なことはない。

体験を妨げる信念体系

ジョン・ディー*について書いている武内大*の論文では、黒曜石や水晶球で映像を見る際は催眠状態に入って幻視するのだとして、それは誰でもできると述べられているが、個人差が激しくて誰にでもできるものではないとわたしは思う。大沼忠弘*は、イギリスの魔術団体に所属するW・E・バトラーの著作『魔法入門』や『オカルト入門』の翻訳をしているうちに自分で実践してみたくなり、黒い鏡を見ていたらアストラルライトが見えたと「あとがき」に書いている。

ジョン・ディーは映像を見るのがあまり得意ではなかった。彼は頭でっかちな人間である。そこで、かわりにケリーが水晶球を覗いていたのだが、ケリーは15分で映像が見えるようになったと書いてある。わたしは参加者に、黒曜石、水晶球、黒い鏡などを練習することを薦めているが、練習は毎日30分はしたほうがいいと考える。ジョン・ディーは水晶球で1回だけ

*ジョン・ディー
1527〜1608年。イギリスの錬金術師、占星術師、数学者。

*武内大
自治医大教授（2017年現在）。専門は哲学、倫理学。ジョン・ディーの研究でも知られる。

*大沼忠弘
カバラーなど古代密儀の著名な研究者。W・E・バトラーの翻訳者でもある。

映像を見たことがあると言っている。あれだけ異次元を覗くことにこだわってる人が1回だけというのは驚きだ。UFO研究家は決してUFOを見てはならないと言われているのと似ている。

グルジェフの弟子のウスペンスキーも、高次な領域を体験するのにドラッグを使わないとできなかったらしい。あれだけさんざん研究しておいてドラッグというのは奇異なことだが、つまり知性の葛藤が進行を遅らせるということだ。

思考センターは、現代社会の信念体系を刷り込まれており、その結果ひどく低速になる。低速とは振動密度が低くなることだ。この信念体系のもとでは、「水晶球に映像を見るなんてことはあり得ない。そんなことは童話の中だけの話であり、感覚の目で見えるものだけが真実なのだ」と考えるので、この思考パターンの追求をかわすのが至難のわざとなる。つまり反対に言えば、この思考パターンを変えてしまうと、練習しないでもできる人もいるということだ。体験は思考が仕切っているのだ。

エーテル体のキャンバス

　バトラーによれば、黒い鏡を見る練習を始めると鼻の頭がむずむずし、そこを蟻が歩いているように感じると言う。わたしの場合、20歳前後から夜眠る前に毎日この黒い鏡を見ていた。ただひたすら見るだけだ。シュタイナー*によると、下から上がるエーテルの流れともう一つの流れが、陰極と陽極のように衝突してショートすると、映像が見えるようになると言う。わたしが若い頃は、エーテル体を衝突させて映像を止めるというのを知らなかったので、ひたすら流れるエネルギーの渦（エーテル）ばかりを毎晩見ていて、時々一瞬何か出てきても、すぐに流産して流れていくということに、ただいたずらに時間を費やした。おそらく数年はこれを繰り返していた。

　とはいえ、黒い鏡、あるいは黒曜石を用いることにおいては、まず最初はこの流れるエーテル体を見ることが重要である。これをキャンバスにして、そこに映像が描き込まれるのだから。この練習をしたおかげで、わた

*シュタイナー
ルドルフ・シュタイナー。1861～1925年。ドイツで活躍した神秘思想家で、多くの知識人に影響を与えた。ゲーテ研究の大家でもあった。

しは土星の中にいる*アルクトゥルスの老人と出会うことができた。

単に映像を見るという目的だけならば、通常は、このエーテル体のキャンバスを作ることはしないだろう。ただし、その結果として、イメージは白昼夢が混じり込んだものになる。つまりそれは軽いもので、たくさんのイメージが現れては消えていく。ところが、エーテル体をキャンバスにすると白昼夢は入りこまなくなる。白昼夢を見るにはエーテル体は重すぎるのだ。シュタイナーは「エーテル体の奈落に落ちる」という言い方をするが、エーテル体に写して映像を見ると、崖から落ちるみたいな気分になる。あまりにも重すぎて、もう二度としたくないと思ったこともある。

原理的に、感覚や肉体的な器官は身体に備わっているが、エーテル体はより上位の次元の受け皿として機能する。そのため、肉体的な器官が作り出す印象をエーテル体は跳ねのけてしまい、上位の情報だけを受けとめるという働きを発揮するのだ。

ノストラダムスがデルフォイ式の水盤を見る時、常に恐れていたと書いているが、その気持ちはよくわかる。エーテル体を対象化して、そこに映

＊アルクトゥルス
うしかい座α星。おとめ座のスピカの近くで輝く。

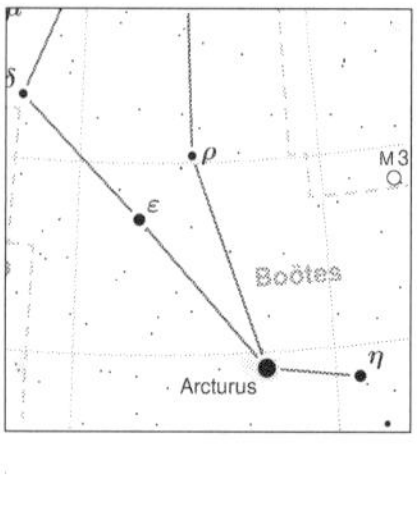

像を反射させるというところに持ち込むと、根源的な内容だけを受けとめる地盤ができる。そして「恐れる」というのは、この受信をしてしまうことが肉体的なものに基づく人格を割ってしまうからなのだ。つまりヴィジョンを見るというのは、傷つく行為なのだ。毎回それをしなくてはならないと思うと、苦痛以外の何ものでもないのだが、それでもやってみたいと思う。それは映像に生命力があるからだ。見るだけで強いチャージが起こるのである。

水晶球や黒曜石で、リモートヴューイングや、あるいは未来のものが見えるのかというと、厳密にはエーテル体は物質的な領域を受けとめる気がないので、それは難しい。一見できているように見えるが、微妙に内容がずれていると言えばよいだろうか。エーテル体は物質世界の随伴機能であることをきっぱりと拒否するから、物質的な領域に合わせないのだ。

バイノーラル・ビートで精神宇宙探索をすると、大量に雑多なヴィジョンを受け取る人がいるが、黒曜石、水晶球、黒い鏡ではそういうことはそれほど起きない。わたしがいろんな講座で、「水晶球ではイメージが見えるというよりも、はっきりとテレビを見るように鮮明に映像を見るのだ」と言うと、多くの人は衝撃を受けるが、それができないのなら水晶球を見てもちっとも面白くないと、わたしは思う。

映像があまり得意でなく、言葉で出てきたり、色や音楽、あるいは身体の刺激という形で情報がやって来る人もいて、これらは視覚以外の感覚をセンサーにしているということになる。それはそれでかまわないのだが、黒曜石、水晶球、黒い鏡などでエーテル体をキャンバスにして、そこに映像を見るということは、後述するように実はまったく目的が違うのだ。

しかし、たとえば耳が聞こえなくなった人は、かわりにエーテル体の聴覚が目覚めることが多い。それは物質的な耳の代替機能にはならず、物質的な耳で聞いていたものが聞こえず、エーテル体を通じて降りてきたアストラル界、メンタル界などを聞くことになりやすい。こういう場合には、黒曜石を見たりすることと同じような意義がある。

わたしは、最初は次のように2種類に分けて考えて実践したほうがいいのではないかと思う。一つは、バイノーラル・ビートでシータ波の脳波になって宇宙に旅する。もう一つは時間をかけて、水晶球、黒曜石に映像を見えるようにして、あらためて宇宙に旅する。この二本立てで行うとよいのではないかと思う。前者は情報収集。後者は実は人体改造なのだ。

大英博物館で、ジョン・ディーの水晶球、黒曜石、さまざまな魔術道具を見たが、外側に七角形、その内側に五角形という盤の配置は気になった。図形というのはエーテル的知覚の制限を作り出す。いわば、信号のパルスのリズムを決めてしまうということになる。占星術のアスペクトもその理屈で作られているのだが、七角形と五角形の組み合わせについては、後で説明することにしよう。

ジョン・ディーは、水晶球を通じて天使と通信をしたと言う。ジョン・ディーがいう天使というのは大天使のことで、恒星と同義である。ジョン・ディーの時代ならば、そういう言い方をした。シュタイナーが言うさまざまな大天使も、実は星雲界の恒星に対応できる。大天使との接触とは、恒星に旅することと等しい。

chapter 2

月の身体

エーテル体と魂魄

水晶球や黒曜石、黒鏡などを用いて、エーテル体のキャンバスの上に映像をあたかも肉眼で見ているかのように見る練習をするのは人体改造だと言ったが、これには「月の身体にシフトする」という意味もある。ここでいう月の身体とは、エーテル体の身体のことを示している。12感覚を一つずつ月ベース（基盤としての月）へと、すなわちエーテル体に移し替える。12感覚全部移し替えると地上的には死んでしまうので、まずはごくわずかの部分から移し替えるということだ。

本来、人は肉体とエーテル体の二つを持っているが、ある時代からぴったりと張り付くようになり、そしていつのまにかエーテル体の側を忘れてしまったのである。そこで、あらためてエーテル体というもう一つの身体に感覚を移すことをすると、死後そのまま月ベースにシフトし、49日で脱落するはずのエーテル体をさらに継続させ、通常の輪廻に入らないようにできる。後で説明するが、プレアデス*の作り出したシステムに乗らないと

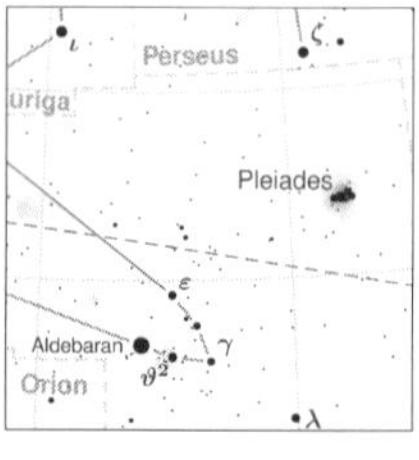

＊プレアデス
天文学的には牡牛座のプレアデス星団。日本では「すばる（昴）」と呼ぶ。

いうことだ。別に乗ってもいいのだが、星雲界の人間からすると、それは無駄な時間を過ごすということにもなりやすい。

　黒曜石や水晶球を使う手法は、中部アメリカや西洋の魔術団体などの流れに多く、これはシリウス*道ということを意味している。都市社会と今日の常識的だが閉鎖的な道を作り出すのがプレアデスだとすると、シリウス道は、もっと屈折した工夫に満ちたもので、言われた通りに素直に暮らしますという姿勢がない。かつては地上で、このプレアデスとシリウスには対立があった。

　さて、月のボディ（身体）とは、魂魄《こんぱく》の魄《はく》のほうを表す。このボディを維持するには特殊な状況が必要で、地上に対する執着心のようなものでは長続きしないか、あるいはいびつになる。執着心は個人的なものであり、この個人的なものが維持できるのは肉体においてのみで、エーテル体レベルになると個人の力ではキープはできない。

　わたしが2015年にマニラに旅行した時のことだ。前年スカイプで英語を習っていた時の教師Crが、わたしがマニラに到着する前日に自殺

*シリウス
おおいぬ座α星。肉眼では一つの恒星に見えるが、実際はシリウスAとシリウスBの連星。このことを先述のドゴン族は知っていたとされた。

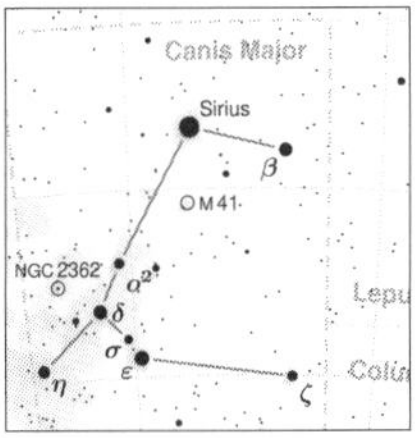

したことを知らされた。わたしはマニラのホテルで毎晩、その自殺したＣｒの幽体（まだ中身があった）に遭遇したが、彼女から三つほど要求があった。うち二つは執着心から来るもので、もう一つは、この先の道がわからないというものだった。月の身体は何度も見たことはあるけど、ここまで濃厚で、ねっとりとして、怖いのは初めてだった。死んだ直後のことだから、生々しいのはしようがないが。

しかし数日見続けたことで、幽体の性質もわかってきた。振動密度が高い幽体は、空気があるところ、どこにでも出没する。わたしはこれを何度か見たことがある。たくさん複製をするのだ。しかし濃い幽体だと、肉体に近いので移動可能な空間的な範囲が絞られ、〝わたしの目の前のベッドの脇にいる〟というように限定性が強くなる。つまり、ダバオからマニラに来るという程度（約１０００km）のことしかできないのだ。

いわゆる幽霊とは、中身が抜けた、まだ温かさの残るエーテル体の残骸なので、自然に消え去るものであり、これを重視する必要はない。むしろ重視してはならない。というのも、重視するということは、人生の中でも、付随的・周縁的なものにもっぱら目を向けることになってしまう生き方をすることなのだから。

さて、この時の中身とは、アストラル体、自我のことで、死者においてはまずエーテル体が肉体から離れ、次にアストラル体がエーテル体から離れ、最後に自我が離れる。ここで自我が太陽系レベルのものであれば、太陽系から外には出ない。

「幽体は動物霊のようなもので、それは低いからよくない」という人がいるが、そもそもわたしたちはこの幽体よりももっと低い肉体で生きているのだから、その批判は成り立たない。もう少し正確に説明しておくと、幽体しかない存在は、動物霊よりももっと原始的なのだ。たとえば、幽体のレベル一つの層しかないものは虫だ。そしてもう一つ上に層があり二層になっていれば、これを動物霊と言う。人間存在は三層でできている。

月の身体を持つというのは、数年前の流行り言葉で言うなら、アセンションしたボディを持つということだ。具体的な記憶が定かでない抽象的な存在になるのではなく、生きて生活しているというレベルに近い。ブルース・

モーエンが、死後のロバート・モンロー*に会った時、モンローが嬉しそうに、同時に何人もの人間と話ができると言ったという。このエーテル体の身体は、仏教では応身という。仏陀は肉体に受肉できない。しかしこの応身にまでは降りることができる。千人の人にも同時に接触できる。

黒鏡を見るのは、そういう月の身体を獲得するという目的のための準備で、たんに映像を見るということとは違った趣旨になるのである。この黒曜石、水晶球、デルフォイの水盤、黒い鏡、時には砂、湖の水など、エーテル体に映像を見るという手法は、伝統的に世界中で伝えられている。肉体の目で見ないと楽しめないというところから、しまいに、黒曜石で見ている映像のほうが、現実の映像よりも退屈でないと思い始める。

そもそも神秘主義の目的は、不死性の獲得ということに尽きるので、映像を見るというのも、その一環で追及しなくてはならないものなのだ。ゴールデンドーン*はイシス*神殿を作りたがるけれど、これもシリウス道で、こういう月の被膜をいじり回すのは、シリウス系のお家芸とも言える。こっちのアヌビス*と、あっちのアヌビスが、ピント調整をしているのである。

*ロバート・モンロー
1915～1995年。へミシンクの開発者であり、体脱の研究者。もともとはアメリカのラジオ番組のプロデューサーだった。

*ゴールデンドーン
19世紀末のイギリスで結成された神秘主義結社。黄金の夜明け団とも訳される。

*イシス
エジプト神話における女神。天空と太陽の神ホルスの母。

*アヌビス
エジプト神話における冥界の神。ジャッカルの姿で描かれることがある。

月とグルジェフの振動密度表

最近ある出版社で、月に関する本を書いた。本来は一般向けの本なので、わりにありきたりのことを書かなくてはならないのだが、「月は眠りであり、自分の中に同一化するのでなく、外に吐き出し、対象化しない限りは人間に向上はない」ということを書いた。つまり「そのままでいい」という内容ではないので、あまり一般向けではなくなってしまった。

月の性質とは自動運転で働くもので、本人にたいてい自覚はない。繰り返しの行為の中で刷り込まれたロボット的な資質と考えるといい。食習慣にしても、月にパターンが刷り込まれ、それを繰り返す。そしてちょっとした異変があるとそれに抵抗する。つまりホメオスタシス（恒常性）を持つのだ。わたしはいまジャカルタにいるが、ホテルのヴュッフェでよく見かける日本人のサラリーマンがおり、彼はいつもパンと卵しか食べない。日本でしていることと同じことをしたいのだ。月の自動運転だ。

わたしが30代や40代の頃なら、社会に適応しようとし、社会の中で活動したいという意欲が満々だったので、迎合的な内容の本を書くことに抵抗はない。バブル期の頃だが、ある出版社の忘年会に出た時、管理職が挨拶で、「売れる本を作れ。その場合、内容について決して考えてはならない。売れるならば、内容はどうでもいい。何度も言うが、内容は考えるな」というようなことを話した。こういう出版社で本を書くときっと内容はかなり怪しくなる。

わたしの今の年齢からすると、今から社会に飛び込むというような時期ではないし、むしろ少しずつ引いていくというような位置にいるので、読者の視線に合わせる本を書く気はすでにない。にもかかわらず、依頼は来るので、だんだん好き放題な内容になってしまうのだ。ちょっと矛盾した状況にあるわけだ。

さて、さまざまな意識の振動密度を表現するのに、わたしはいつもグルジェフのH番号を使う（47ページの図2）。シュタイナーやアリストテレスでは大雑把すぎるからだ。このH番号は、絶対が1、大天使6、小天使12、人間24、哺乳動物48、無脊椎動物96、植物１９２などと続く。水

384、木768、鉱物1536、金属は3072だ。番号が少ないほうが振動密度が高く、反対に物質密度が低い。番号が大きくなるにつれて、振動密度が落ちて、物質密度が濃くなる。金属鉱物などはこれ以上ないくらい濃い。

さらに、これらの番号は、存在の中層重心の振動密度も表している。グルジェフは、有機体を表現する時に三つの要素の組み合わせで表現する。何に食べられるか、中層重心は何か、何を食べるかという三つ組だ。人体で考えてみると、まず、人が何かを食べると、その成分は身体の中に入る。つまり食物は人体の中に所属するということになる。何に食べられるかというのは、自分がどこに所属しているかということなのだ。

地球の平均的知性はH48だが、一般的な人間とはH12―48―192の三つ組を表す。H48はこの中で真ん中に位置する重心だ。これはグルジェフの定義では哺乳動物であり、人間ではない。これは太陽H12に食べられる存在として、素直に生きることを表している。

この場合、月はH96に対応し、これは感情としては、恨み、妬み、否定感情、自分だけが不当な目に合っている、という気持ちを表している。感情としてはもっとも低く、いわばエゴに凝り固まった振動だ。しかしH12—48—192の三つ組は、192を食べるので、この96は通常の食料よりも振動が高く、むしろ自分の内部にあるものとみなされる。月は無意識化され、自動運動になり、半ば本能的に反応するので、そこに「意識的要素」が欠落している。H12—48—192は、内面にある月的な要素を自覚しないのである。

人間H6—24—96は、96を食べるので、H96は対象化され、外部にあるものである。食べるとは、そもそも外界にあるものを食するということで、それは自分が持っていないものを外界から取り入れているということだ。無意識的に同化しているものを食べるわけではない。H96はエーテル体の振動レベル、気、バイオプラズマ、オルゴン、動物磁気などに該当し、それは月を示す。

内的なものと外的なものの関わりを、わたしはレミニスカート*で表現することが最近は多いのだが、内的なものと外的なものの境界線は、レミニ

＊レミニスカート
レムニスケートとも言う。連珠形とも呼ばれる無限マークに似た曲線で、方程式で表される。

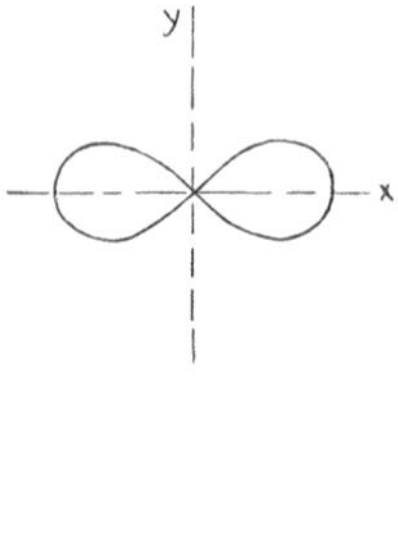

図2 グルジェフの「生きとし生けるものの図」

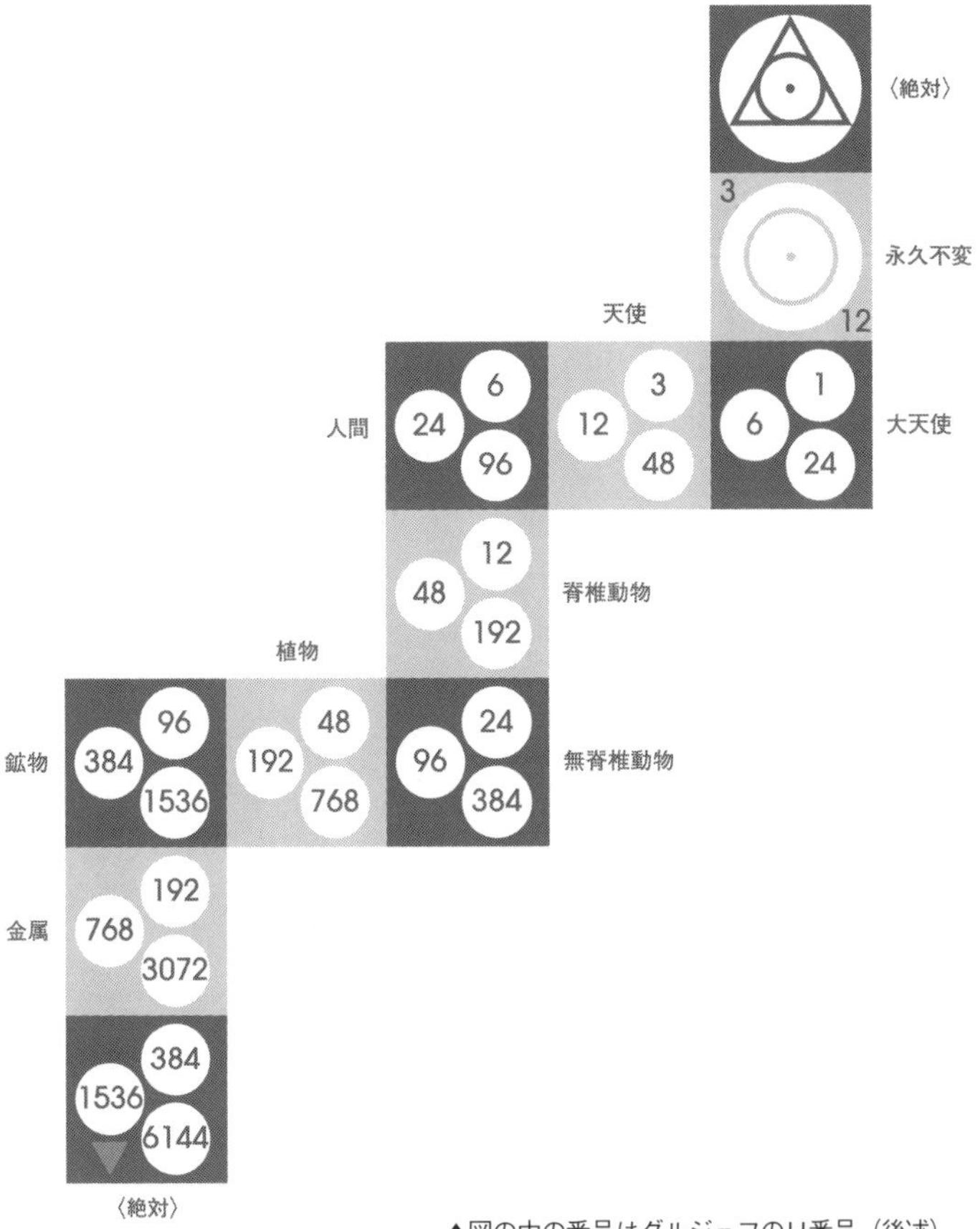

▲図の中の番号はグルジェフのH番号（後述）

スカートの図の内面領域から隣の外面領域の輪に押し出される地点にあると考えてもよい。

月の対象化

月は否定的な感情、低い感情を表すが、それに同化している人は自分がそれを抱え込んでいることを自覚しない。だが、対象化すると、「わたしはそれを見ている」というグルジェフの言う自己想起状態になり、怒りも否定感情も、すべて目の前にすることになる。低い感情は、それがかなり濃くなると視覚化もできる。ある程度振動の高い感情は、自分が感じることであり、外部に見えたりはしない。しかし、レミニスカートの交点を超えるほど濃いものとなると、それは暗い炎として視覚化されていく。

内的なものとしての低い感情は、外的に見た時には物質の頂点領域に位置するので、それは高度な物質である。物質としては実はきわめて高度で、科学的に認識できるかできないかというレベルになるのだ。つまりオーラを見たり、エーテル体を見たりするのは、それらを対象化しているわけだから、自分の中の濃密な月の感情を外に吐き出せる人ほど、オーラやエーテル体が外に見えるものなのだと解釈することができる。

哺乳動物は低い感情を自分と一体化したものとして抱え込むので、理屈としては、それを見ることができない。しかし人間は、それを外界に見て、「それはわたしではない。わたしが見ているものである」と認識する。グルジェフの自己想起は、現実主義すぎて神秘主義からほど遠いと思っている人は多い。しかしながら、自己想起は、感情、思考、あらゆるものを意識的に見るということであり、「わたしは感情ではない。わたしは思考ではない。わたしは肉体ではない。疲れているのはわたしの身体であり、わたしが疲れているわけではない」という具合に、世界から自分を引きはがすものなのだ。これを休むと世界に埋もれ、飲み込まれるので、日々行っていなくてはならない。つまり、沈まないように常に泳いでいるようなものなのだ。

この行為を続けていると、感情を色や形として見てしまう結果になる。無意識に怒っている人はそれを自覚せず、我を忘れる。しかしそれを対象化して見ていると、赤い雷のようなものが頭の周囲に飛び出しているのが見える。

何かいやなことを感じたら、ともかくそれをすべてエーテル成分として黒曜石に写してみるというのがよい。それは濃密な、低い感情であるほど視覚的に見えやすい。この味を覚えてしまって、濃厚でどんよりした感情をいつも見たくなるという悪い癖が出てくる人も中にはいる。

古い時代の呪術は生きている動物から血を抜いて使った。そこにはまだこの濃厚な成分、精神と物質を接続する「つなぎ」が残っているからだ。つまり、精神の働きかけで物質界に影響を及ぼす特別なジュースが手に入る。時間が経過するとその成分は去っていってしまう。明らかに日本人は活き造りで、それを食べている。西欧的食事はカニバリズムを発揮するが、形骸化したものだけを食するという、かなり無駄な食べ方だ。

不死性とは

精神世界、あるいは神秘主義の目的は不死性の獲得にあると書いたが、これは相対的なものであって、グルジェフの物質の振動密度のＨ番号で言えば、全惑星意識24のボディを持つと惑星48においては不死で、いかなるものにも破壊されることはなく、太陽12のボディを持つと全惑星24においては破壊されることなく不死であるという意味だ。

星雲界の恒星は、大天使と同一のＨ６で機能する。つまりＨ６に食べられている存在は、Ｈ６―24―96の存在であり、グルジェフはこれを「人」と呼ぶ。Ｈ12に食べられている存在は、小天使、あるいは太陽に食べられていて、Ｈ12―48―１９２の存在であり、グルジェフはこれを哺乳動物と分類する。言いかえれば、人は創造的なことをしている間だけ人間であり、日常ではたいてい哺乳動物にすぎない。

身体の七つのセンターでは、高次思考センターはＨ６で機能し、高次感情センターはＨ12で働く。Ｈ12に食べられているというのは、Ｈ12が太陽だとすると、太陽系の中に所属して惑星に住み、太陽の腹の中で生きているということだ。

ここからすると、Ｈ６―24―96存在は、身体は太陽系の中にあっても、

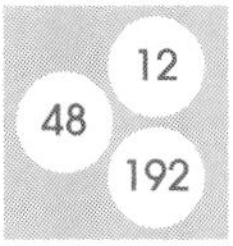

本質的には太陽系の秩序に所属しているのでなく、つまり食べられておらず、特定の星雲界の系列に所属していることになる。Ｈ12—48—１９２は、太陽系に所属しているが、特定の星雲界とのつながりを持たない。わたしはこれを哺乳動物という点から「神の子羊」という。

中層重心の本体はＨ24とＨ48とで違いがある。Ｈ24は積極的な開拓力を発揮し、Ｈ48は比較的受動的な人生を送る。それに何を食べるかということでも、Ｈ96とＨ１９２とでは違いがあるので、大まかな食習慣も違ってしまうだろう。たとえば肉、野菜、穀物は基本的にはＨ１９２系列だ。

スターシードとは星の故郷を持つ者という意味で、星雲界ルーツを持つとは、太陽系の中に住んでいながらＨ６に食べられている存在だということだ。すると入りこんでくる情報の種類も見方もまったく違ってしまう

Ｈ12は高次感情センターで、これは崇高な感情を抱き、畏敬の念を持ち、感受するということにすべてをかける。たとえば巫女は、このＨ12がなければほとんど役立たずだ。神がかりというのも、このレベルだ。チャネラも霊能者もこれがないと機能できない。Ｈ６に食べられている星雲界

ルーツの存在は、このH12に思い入れしない。H6とは能動的存在だからだ。ただ、通常この社会しか存在しないと考えている大多数の人は、H12も発達しているわけではなく、もしH12体験をすると、それは命をかけても追及したい希少なものへと変わる。日常的な生活の振動密度はH48なのだからだ。三つ組のうち、何に食べられているかというものは、つまりは高自我の部分を表しているのだ。

スターシードは、早くルーツを見つけ出さないといけない。H12は結晶化しないので、長く放置するとしだいに腐敗する。太陽はH12と書いたが、実は太陽は恒星であり、つまりH6だ。だが、惑星をぶら下げているという弱点があるがゆえにH12となっているのだ。それは下の世界に興味を向けたH6なのだ。

グノーシス*文献ではこう語られている。人は世界の中におらず、神のそばでアントロポスとして存在していた。世界造物主が世界を創った時、そのことに興味を抱いた。興味を抱いた瞬間に、世界の中に移動した。そして抜けられなくなった。世界造物主が創った世界とは、太陽系のことであ

*グノーシス
グノーシス主義は1〜4世紀ごろ地中海世界で広まった宗教思想。物質と霊の二元論。グノーシスとは古代ギリシャ語で「認識」の意味。

り、その外にいたのは恒星天のアントロポスだ。太陽系システムを構築した者たちは複数グループ存在するが、人柱になって7の法則を打ち立てたのはプレアデスなので、これを世界造物主と名づけてもいいかもしれない。

グルジェフ哲学は結局のところ、グノーシス的であると言える。彼は星雲界に所属する存在しか「人間」と呼ばない。そして太陽系内の神の子羊は哺乳動物で人扱いされないのである。

黒曜石あるいは黒い鏡の練習のしかた

黒い鏡は、W・E・バトラーの『オカルト入門』に書かれている。時計ガラスの凸面に黒エナメルを三度塗りしたものを作り、凹面のほうを見つめるのだ。あるいは黒曜石でもいい。実は慣れてくると、黒い無地のものがあれば、何でもそこに見えるようになる。だから電源を切ったパソコンの液晶画面でもいいのだが、それでは気分が出ない。

アステカ*の神であるテスカトリポカとは、煙を吐く黒曜石を意味しており、片足の存在だ。中沢新一はシャーマンは片足を壊しているのが正統派

＊アステカ
15〜16世紀初めまでメキシコ中央部に栄えた国家。マヤ文明を継承している。テスカトリポカは生死を司る神。

であると説明しているが、黒曜石にはこの伝統が含まれているので、特別な意義がある。しかし水晶は複屈折性があり、視線を周辺視野にずらしていくので、そのぶん、映像を見るにはしごく便利なしかけを内蔵しており、これもまた特別だ。

これらの道具を手に入れたら、薄暗いところで、天井の模様などが反射しないように斜めに持ち、じっと見る。毎日30分くらいがよい。最初に見るのは、エーテルのざらざらしたもの、雲、細かい網目など、人によってさまざまだ。エーテル体は、植物の力を借りているとシュタイナーは言うが、その点では、初期のざらざらが、そのまま海になったり、草むらになったりすることもよくある。そして時々どこかが爆発していたりする。黒曜石の場合、わたしは無数の虫の足を見ることもある。この段階で部屋の中にも何やら、いろいろ見えることもある。カーテンの布のようなものとか、羽とか、誰かの足が見えることもあれば、空間に歪が走ったり、鋏の先が自分に向いていて、そこから何かが飛び出してきて自分に刺さって痛いなどということもある。

松果腺はアンテナ

私の場合、黒曜石を見始めると、まず松果腺が動く。ホムンクルスの子どもが起き出して動き始めたような感じで、ごろごろする。次に額に緊張感が走り、額にスイッチが入ったという感じになる。そのうちに、黒曜石の表面に得体の知れないもやもやが見え始める。松果腺が寝返りを打ち始めた段階で、これをわたしは「松果腺の引きこもり」と言う。というのも、松果腺は、下垂体とつながっている段階で現世に関わるからだ。タロットカードで［15・悪魔］のカードは第三の眼カードと言われているが、上にいる悪魔が松果腺で、下にいる二人の手下が下垂体だ。以前夢で見た時には、吉田戦車の描くような小人が、背後の大きなバッタに寄りかかっていた。バッタは虫脳だということだ。小人が少し動くと、バッタも動く。しかしバッタは生きておらず、あたかも生きているかのように動いているだけだ。

松果腺が引きこもって下垂体といったん離れ、つまり二極

化されたものが一つ目に戻ると、あらためて違う世界に接続しようとする。世界は二極化によって始まるため、世界からいったん引き、違う世界に接続するのは、2が1に戻り、あらためて違う2になるという印象なのだ。松果腺の引きこもりをすると、たとえば名古屋駅構内を歩いていても、同時に違う次元が重なるという感じになる。それまで世界に同一化していたことに気がつき、世界を対象化して見ているという位置になる。同一化しないで、見ているのである。その時に、同時に違う世界も重なる。ただし、松果腺はアンテナで、映像を見る機能ではない。そのために松果腺が引きこもり、ごろごろ動き始め、次に額にピーンと張り詰めたものが出てきて、前方に照射するようになり、そこで映像化されるのだ。

ブルース・モーエンは、額の奥で繊細な蝶の羽がぱたぱたしているような感じだと言う。バトラーは鼻の上を蟻が這っていると言う。ジョン・ディーの助手のケリーは黒曜石で見えるようになるのに15分かかったが、これが早いのか遅いのかはわからない。はっきりしているのは、ヴィジョンとして見えるというよりも、肉眼で、はっきりとテレビを見るように見えるということだ。

わたしの場合、以前は、雲が素早く動き回転し、急にふっと消え、次に星がたくさん輝く場面になり、その後、唐突に何かの映像がくっきり見えるというものだったが、最近は星の輝きが省略され、もやもやしたエーテルの渦を見ていると、ちょっと視点を変えたという具合に、まるで斜めから割り込むように映像になる。今まで盲点だったものが、急に見え始めたという感じだ。そして黒曜石の場合は、水晶球よりも色が薄い感じがする。

黒曜石を見る場合も、シータ波状態、つまり変性意識に入らない限りは、まずエーテルさえ見ることはできないので、このシータ波になるまでに15分から30分、単調な画面を見る儀式があるのだと考えてもよい。このレベルに入ったなというのは、わたしの場合、お湯に入ったように感じられる。

手順を次にまとめてみる。

1　ゆったりとリラックスする。
2　周囲を少し薄暗くして、黒曜石を見る。

3　松果腺に意識を向ける。自分はここにいると思う。補足すると、人間の中には二人の人がいて、一人は松果腺の中に、もう一人は心臓にいる。三木成夫*によると「思」という漢字はこの二人が通信していることを言うらしい。ただし通常の思考（H48）は、心臓の心（H24）よりもはるかに低速なので、心で考えたほうが優れた判断ができる。高次な思考が発達すると、松果腺はH6で機能する。すると歳差の2万6000年をまるで1年とみなすような意識も出てくる。

4　松果腺から額を通じて、ビームが黒曜石に照射されていると思う。

5　エーテル流がもやもや動くまで待つ。

おそらくバイノーラルビートがあると、少し進行が早くなる。つまり併用すると早い。

＊三木成夫
みきしげお。1925～1987年。解剖学者・発生学者で東京藝術大学教授などを務めた。異色の思想家として知られ、著者は『胎児の世界』『内臓のはたらきと子どものこころ』の2冊だけが生前に出版された。

chapter 3

恒星界

宇宙案内者

数年前のことだが、銀河の連合のようなグループから、地球上においてフォーカス42の*案内者のようなことをしてほしいと言われた。その時、これは地球のあちこちで、複数の人がするといいのではないかと思ったが、実際に複数の人がいた。わたしはそのリストを見た。地球上において、これからフォーカス42から49、そして49プラス、つまり、太陽系外のH6領域に接触することを誘導するというのは、話としては矛盾しているかもしれない。ちなみに、旅をして恒星を見るというのは、H6ではなく、H12の感受性のなせるわざで、身体、感情、思考の三つのうち、感情のH12だけが宇宙に飛ぶことを許されるのだ。思考のH12と身体のH12は外に飛び出すことはできず、足止めされている。

本来、感情のH12は、宇宙に飛び出して故郷に向かい、そこでH6になって地上に降り立ち、思考のH12と身体のH12に付加ショックを与えて、思考と身体を進化させるという役割を担う。バイノーラルビートを使っ

*フォーカス
ロバート・モンローは、自らの体脱体験やヘミシンク体験者の話から導き出した非物質世界の階層をフォーカスと名付け、それぞれの階層に番号をつけた。この物質世界はフォーカス1で、死後の世界はフォーカス21以上。フォーカス42はきわめて高度な階層となる。

たモンロー研究所のプログラム『スターラインズ』などには、H6になるという課題は含まれておらず、見てくるということだけがテーマかもしれない。そもそもH6になると、もう感受しないのだ。それは発信者になってしまう。お星様を見てくるのでなく、お星様になってしまうのだ。

太陽系内存在、つまり太陽に食べられるH12―48―192存在は外に出ることに興味を持たない。太陽系は神の子羊が住む穏やかな牧草地なのだ。わたしがフォーカス42や49の案内所をしても、太陽系輪廻（フォーカス27）にある人が外に出ることはなく、神の子羊であり続けるだろう。一方で、スターシードならば初めからその流れには参加せず、太陽系を出入りして元とつながりを取り戻そうとしているので、つまりは案内所というよりは、ウェイクアップ・プログラムを展開すればいいのだと思った。興味を持たない人に紹介してもしようがないのだ。

H12―48―192存在が、ある日、H6―24―96の星雲界に食べられる人、つまり星雲界に所属する人に変化することはほとんどない。考え方も生き方も違いすぎるのだ。H12―48―192存在は、これらの水素がすべ

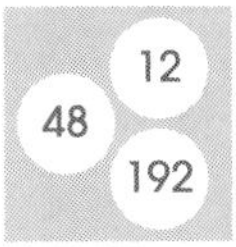

て法灯明的な性質で、つまりつながる人々である。H6―24―96のほうはすべて自灯明的性質で、つながらず、孤立し、そして他者に無関心だ。無関心なのは勝手という意味ではない。邪魔をしないようにしているのだ。

自灯明は自立的で閉じた結晶だ。これはH6・24・96・384・1536の系統だ。法灯明のほうは外部にゆだねる。そして連絡性質がある。結晶化しない。これは12・48・192・768・3072の系列だ。つまり交互に、自灯明・法灯明と連鎖するので、奇数・偶数という感じで見てもよいかもしれない。ここからすると、鉱物は閉じており、結晶化する。だが、金属は連絡する。絶縁物質と電導体の違いのようでもある。

目覚めていないスターシード

H6をモンロー研究所式に言えば、フォーカス42―49&プラスとなるが、これらの案内所をするには、特定の星雲系に属している人は向かない。その星雲系にしか行けないからだ。それ以上、よそにいくのは抵抗感がある。必要性も感じない。となると、案内所としてはさまざまな星雲界に複数接続したり行き来したりする性質が必要で、種々のコスモスの源流として、前の階層宇宙との接触点になっているアルクトゥルスか、あるいは創造の炉であり、外からの力の吹き出し口になっている*ミンタカか、あるいは交通路としての*アンタレスに「血」が関係している必要がある。

*J・J・ハータックは、マカバに乗って*サイフに行って*メタトロンと会ったと書いているが、実はミンタカだという説もある。わたしはアルクトゥルスがルーツで、エーテル体を形成するのにミンタカを使い、もう一つXXを加えたハイブリッド種なので、特定の星雲系に限らない多数の案内所をするには、すこぶる体質的に適合している。だから案内所を依頼されたのだと思う。

このアルクトゥルスに源流を持つミンタカ（つまり、弁財天）種は、今では地球上には数人しかいない絶滅危惧種だ。わたしのツインのdがキプロスに生まれたのだが、アルクトゥルス・ミンタカのハイブリッド種は地球においては初期にキプロスにいたらしい。この種族は、かつては地球上にもっと多くいた。以前、あるリーダーに、*タキツ姫はわたしのガイド

＊ミンタカ
オリオン座δ（デルタ）星。オリオンの三つ星の一つ。

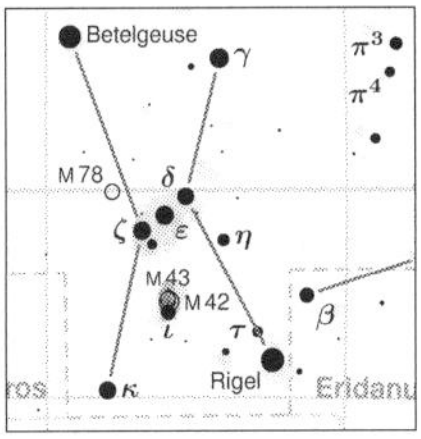

＊アンタレス
さそり座α星。さそり座で最も明るい一等星。

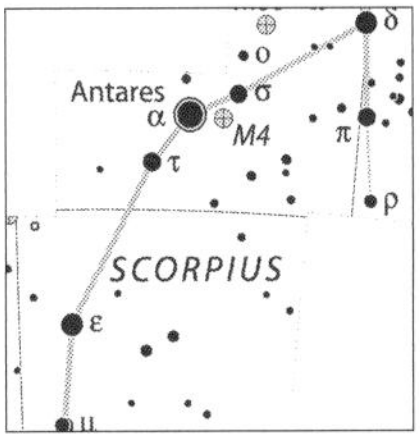

＊J・J・ハータック
アメリカの未来学者。『エノクの鍵』（弊社刊）で世界的に知られる。

にはならないのかと聞いたら、無理だと言われた。というのも、身体にめり込んでいて対象化できないので、ガイドに訊くといった外部的な関わりができないということらしい。これは身体の一部がミンタカだという意味だ。しだいにミンタカを対象化できなくなりつつあった最後の時期に、わたしはミンタカから、自分が関わる種族の地図のアーカイブをもらった。その時には、まだこのような精神宇宙探索をすることなど想像もしていなかった。

　潜在的アントロポスは太陽系環境の中ではいつでもよそ者なので、身近なものにさほど馴染まない。そして潜在的アントロポス、つまり目覚めていないスターシードにはその馴染まない理由がわからない。両親に対しても愛着がわかない。社会参加は、しているふりをしても本気ではできない。銀河ツアーをすることで、だんだん馴染める場所を発見するが、一通りのコースを終わると、次はタクシー運転手の使う裏道というようなものに向かいたくなる。そのうちに、だんだんと、高次思考センター、H6（それは位置としては松果腺に重なっている。すなわち隠された松果腺機能）が

＊サイフ
オリオン座κ（カッパ）星のこと。

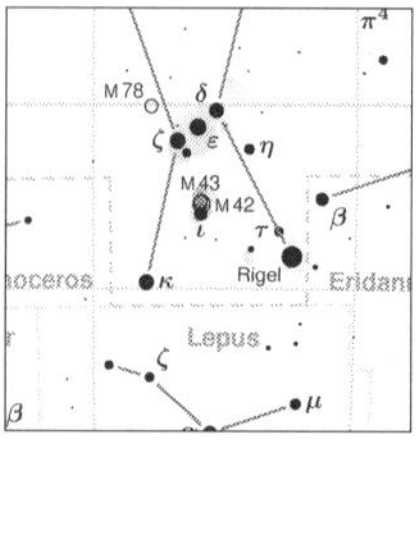

＊メタトロン
カバラなどで言及されているユダヤ教の天使。強大で「炎の柱」とも言われる。

＊タキツ姫
日本神話に登場する、宗像三女神の一柱。タギツヒメとも言う。

励起されて、スターシードとしての自分を思い出すことになるだろう。思い出すと、何をしようとして地球にやってきたのか、その目的をはっきりと理解することになる。

　グノーシス思想に描かれているように、世界造物主のわざを見たいという物見遊山だけの場合もある。この場合、その人は宇宙法則を学習するということになる。世界の法則である。太陽系の法則は、よその宇宙には存在していないので、どういう仕組みで、どのように働くのかを考える。つまり求道的になりやすいということでもある。単に好奇心でやってきたのだが、〝湿潤なるフュシス〟*はそれを抱きしめて、二度と離さなくなった。そして長い間、輪廻の中に埋もれてしまい、まったく自分を失ってしまったというケースは、まるで情にほだされて人生をあきらめた人のようだ。

宇宙ツアーのコースはアクルックスから

　精神宇宙探索ツアーのコースについては、わたしははっきりと決めている。宮沢賢治の『銀河鉄道の夜』では、鉄道を下車する最初の場所は南十*

＊湿潤なるフュシス
フュシスとはギリシャ語で「自然」の意味。「湿潤なるフュシス」とは、ヘルメス文書などに登場する言葉で、地球における生命が躍動する自然のようなニュアンスがある。

＊南十字
南十字星で、正確にはみなみじゅうじ座のこと。アクルックスは十字の下端にある恒星のこと。

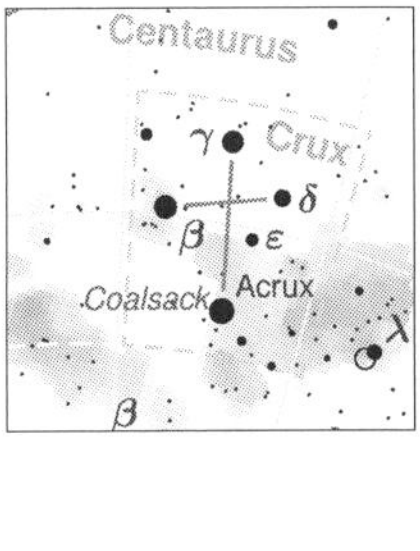

字である。そのあたりで、『神への階段』という讃美歌がどこからともなく聞こえてくる。『神への階段』とはヤコブの梯子*のことで、それはより上位の次元に移動する梯子なのだ。

この南十字からケンタウルス*に向かう。ただし移動する船として、カノープス*に行くこともある。ツアーの順番は、南十字(アクルックス)、カノープス、ケンタウルス、シリウス、プレアデス、オリオン、アンドロメダ座*、北斗七星*、そしてそれぞれ各自でサーチしてもらう北極星だ。北極星はいくつかの種類がある。この〝いくつかの種類〟というのが大切で、ポラリス*に行くとは限らない。というよりも実際にはポラリスに行く人はほとんどいない。

南十字では、四つの力の均衡というものを確認する。人は死んだ時に、まずは境域の小守護霊に出会う。四つの力とは、四つの気質のようなものにたとえられる。四つの力の均衡では誰でもその人なりの偏りを持つので、それが小守護霊のゆがんだ姿として現れる。これは、黙示録にあるように、牡牛、獅子、鷲、天使の四つだ。それらが組み合わされたのが境域の小守護霊だ。四つの力が不均衡だと、小守護霊の姿は恐ろしいものになり、死

＊ヤコブの梯子
旧約聖書にある、ヤコブが夢で見た天使が上り下りするための階段。

＊ケンタウルス
ケンタウルス座。α星、β星など六つの主星で構成。

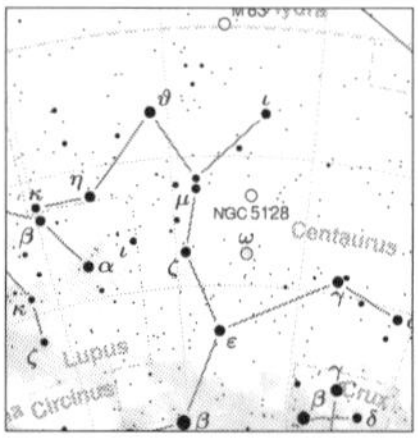

＊カノープス
りゅうこつ座α星。シリウスの次に明るい恒星。

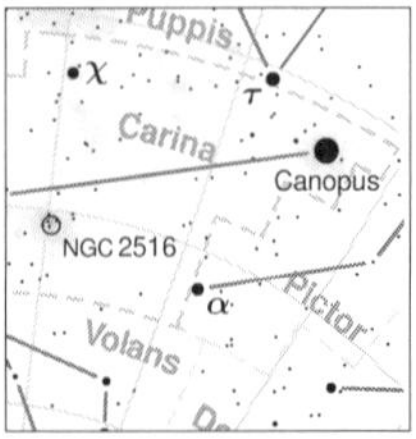

者はそこから逃げようとして、急いで何かに転生する。そのために牛とか豚とか虫になったりするというのがチベットの『死者の書』の内容だ。でも、わたしはこの南十字が好きなのだ。そもそも、ここは刑罰を与える場所などではなく、それは四つの力が均衡を取り、安定した場を作るステーションであるからだ。ヤコブの梯子の足場づくりという側面があるのだ。

恒星マップを生命の樹と結びつけた場合、生命の樹（73ページの図3）の一番下のマルクトと次のイエソドのパスはタロットカードの「21・世界」のカードに対応する。この絵柄は、周囲に牛、獅子、鷲、天使がいて、この四つに囲まれた真ん中に楕円がある。

四つの力を均等化すると、真ん中の5番目の扉が開く。そこからヤコブの梯子で上昇する。四つの力は、土、水、火、風と表現できるが、これらを統合化すると、アリストテレスの言う月の上の第5元素、すなわち生命となり、これは「21・世界」のカードでは楕円の中にある人物を表す。*アーカーシャの、すなわち第5のエーテルはたいてい紫色か、紺色の楕円で表現されている。「21・世界」のカードでは人物は両性具有で、二極化

*アンドロメダ座
アンドロメダ銀河があることで知られる。王女アンドロメダはギリシャ神話に登場する。

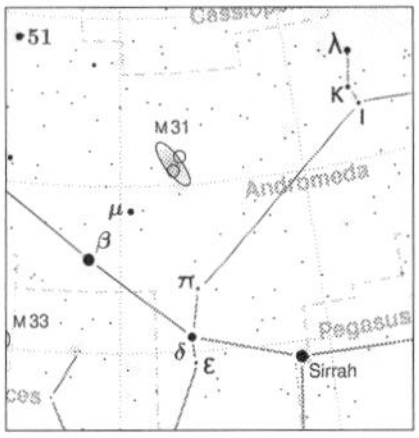

*北斗七星
おおぐま座の7つの恒星から構成される星列。

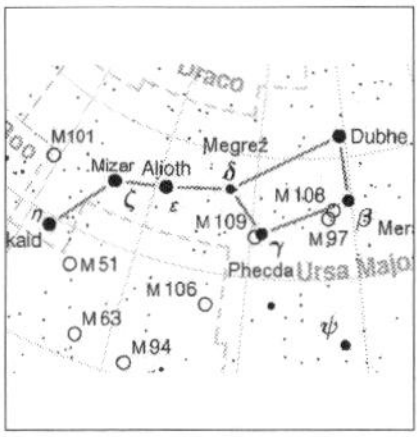

されていないが、もし二極化されている場合には、それは次のケンタウルスで統合化される。

南十字は、一番下がアクルックス。左がベクルックス。右はデルタ。上がガクルックスだ。この名前を使い、バイノーラルビートによってそこに入っていく。名前を思い浮かべればいいだけだ。この南十字という名前は、＊北十字と対比してつけられた名前だ。北十字には、デネブがある。白鳥座には他にアルビレオ、サドル、ギェナーなどがある。

わたしは、以前はタロットパスワークで「21・世界」のカードに入り、「牡牛、獅子、鷲、天使の四つにそれぞれ質問してください」と言っていたのだが、そうするとすぐに反応がわかる。これと似た形で、アクルックス、ベクルックス、デルタ星、ガクルックスに行き、自分の四つの性質について点検するとよい。

この南十字に、オリオン三つ星との通路がある。しかしオリオンベルトとの通路などと言わなくても、ヤコブの梯子ならば、ここからすべての恒星に通じる通路があるとい

＊ポラリス
こぐま座α星のことで、現在の北極星。

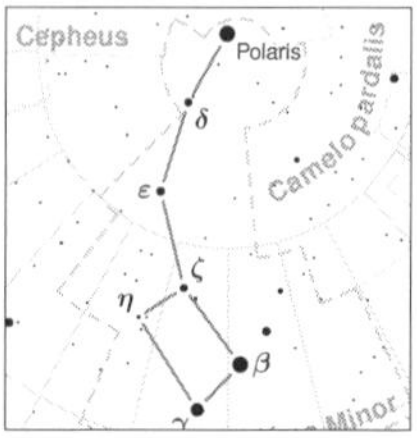

＊アーカーシャ
インドにおいて宇宙を構成する五つの要素（五大）の一つとされ、「空」や「虚空」などと訳される。

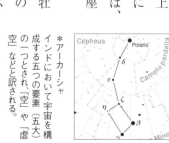

うことだ。カノープスという船の碇《いかり》。ここを統合化して、つまり四大を統合化して軽くならないと、船が出航できない。カノープスをわたしは泥舟と呼んでいるが、これが銀河の旅をする時の下から上に上がる乗り物だ。一方、アメノウズメ、つまり北斗七星から降りてくる時にはアマノウキフネを使うが、これはマカバの日本名でもある。

イエソドとエーテル体

カバラの生命の樹は、西欧の魔術的な団体では組織の構成図としても使っていて、一番下のマルクトは下見の見学者などがいる場所となる。マルクトは肉体を表している。その上にあるイエソドはエーテル体を表していて、この段階に入るには、最低限、エーテル体を見ることができるようにならないといけないという。より上位の次元は、エーテル体にしかつながらない。これは生命の樹のパスでは、中心にあるティファレトから8方向にパスがつながっているが、唯一マルクトだけはつながっていないということでもある。

＊北十字
はくちょう座のことで、十字形に星が並んでいるので北十字と呼ばれる。一番明るい星がデネブで、β星がアルビレオ、γ星がサドル、ε星がギェナー。

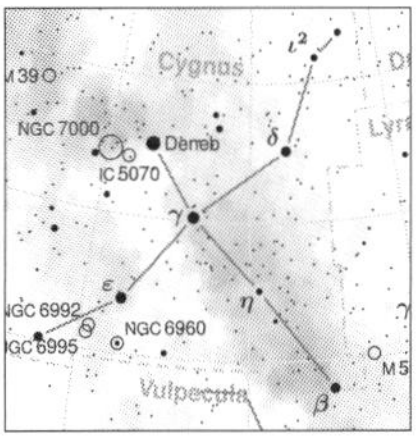

生命の樹のパスは、［21・世界］のカードで周囲の四つの入り口のどこから入ってもいいが、階段の入り口は真ん中の楕円にあり、これは古来からエソテリックの門と言われる。薔薇十字などの記号にも、四つのアームに囲まれた中心には薔薇がある。かつて呪術には生き血が使われたが、それはあまりにも残酷だということで、ある時代から薔薇が使われるようになった。薔薇のエッセンスは、血液にとても似ているということからだ。

オーラを見るようになることは、イエソドに入ることで、入門的なものとしては便利だと言われている。黒鏡や黒曜石を用いて、映像でなく、その前段階の雲のようなもやもや模様を見るのも、エーテル体を見ることだ。図式的に考えれば、イエソドはエーテル体のもやもやであり、ティファレトはアストラル体であり、つまりは形象的なイメージだ。ティファレトから降りてきたものが、イエソドのキャンバスに刻印されると、映像化されるという意味になる。そしてすでに説明したように、物質界のマルクトからの映像などの情報は、イエソド＝エーテル体は拾わない。イエソドを月、あるいは家にたとえるなら、マルクトからの情報が入るのは土足で家に入られたようなものなのだ。イエソドはそれを嫌がる。

以前、目覚めてもまだ夢を見ていて、立ち上がってもこの夢の映像が消えないので困ったことがあった。その時、映像を見るメカニズムとして、腰から大量にエネルギーというか電力のようなものが上がってきて、それが松果腺で回折し、額の前方にあるスクリーンに古い映画館の映画のように投射されているのを見た。そして腰から上がるものは、まるで川の急流

図3 生命の樹

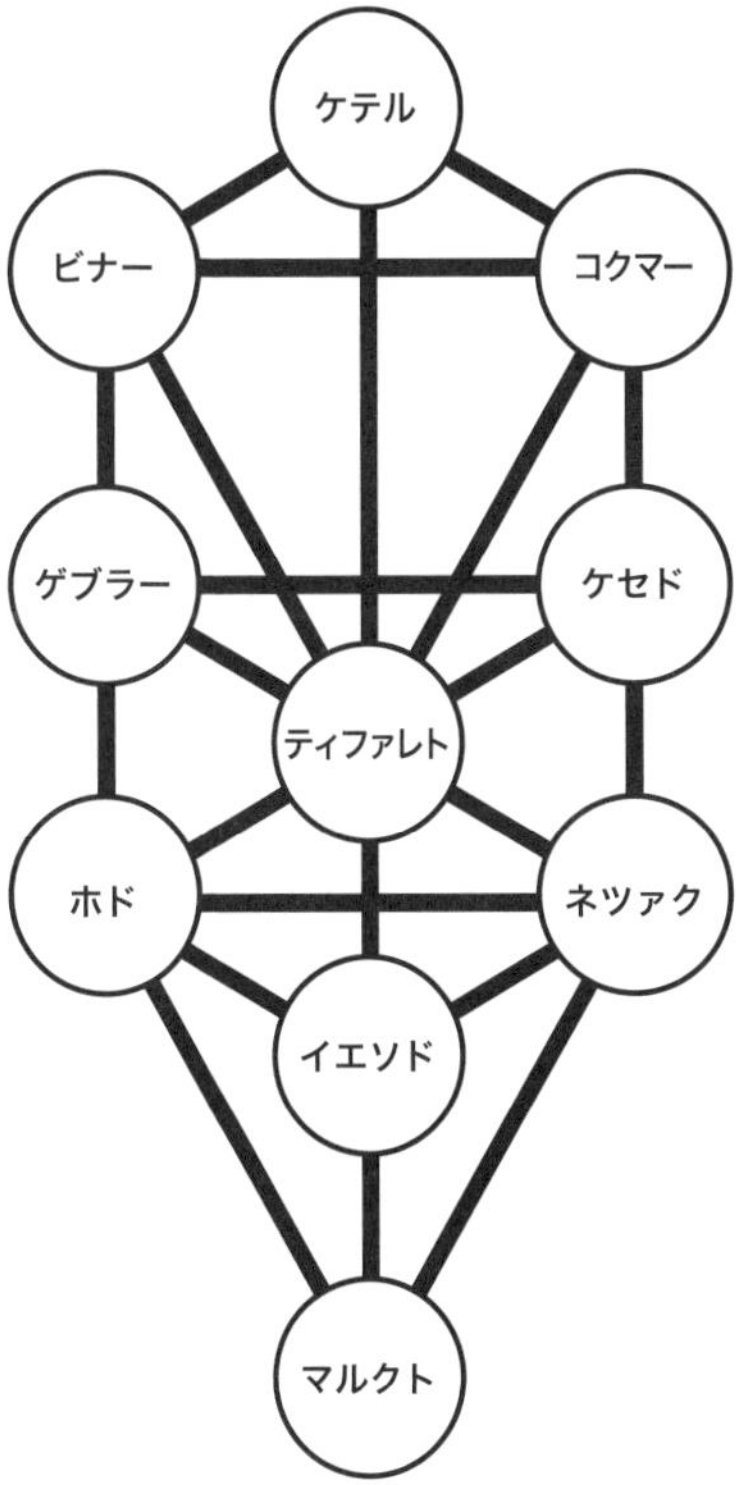

のようにゴーッと音を立てており、あまりにも省エネルギーでないことに驚いた。これでは一瞬で枯渇してしまうのではないかと思ったのだ。イエソドは腰や生殖器にある。これがシュタイナーのいう、下方からのエーテルの流れで、それに比較すればごく微細ではあるが、上方からのエーテルの流れがあり、これがショートすることで映像化するとの説明がある。ショートすると横に流れるのだ。多くの場合、対立するものがぶつかると、それよりも上位の次元が開き、それは90度関係になる。上下のプラスとマイナスがぶつかり、横に広がるのだ。つまりこの松果腺での出来事は、何か胸の位置で起こっていることと似ている。これも胸と頭は同じ構造だということだが、くわしくは後で説明しよう。

マルクトとイエソドの間

黒曜石を見たり、オーラを見たりすると、このイエソドの段階に入ることになる。前述したように、マルクトは部外者が見学に来たというような場所で、まだ靴を履いたままだ。イエソドだと、実際に「ヤコブの梯子」

に入ろうとして入り口にいるというような印象である。モスクで靴を脱いで中に入るような感じかもしれない。そして何か教えてもらう時は、このエーテルレベルにやって来た者から教わることになる。身体を持った人に教えてもらうのは、星雲界人間からすると、実は邪道だ。恒星から教えてもらうというほうが正道だ。富士講の開祖、藤原角行*は、8歳くらいの時に北斗七星から指示されて修行を始めたという。

多くの人はこれに疑問を感じるかもしれない。しかし、わたしは20代の頃、いつも黒服の二人の男に夢の中でさまざまなことを教わった。いわば二人組の指導教官がいたのだ。黒服を着て、紺色の縁取りがしてあった。彼らはみなイエソドにまでしか降りてこない。

宇宙人にしても、発達した知性にしても、それらと遭遇するというのはマルクトレベル、つまり肉体的なレベルでは生じえない。なぜならそんなことをすると、彼らも必ず甚大な被害を受ける。というより、おそらく彼らはわたしたちのマルクト、物質を認識できないと思うのだ。わたしたちの肉体や物質世界は、物質密度の高い鉱物を多く含んでおり、彼らはそこ

*藤原角行
1541～1646年。修験道の行者として富士山で修行した後、江戸を中心に広まった富士講という独自の民衆信仰の開祖となる。角行は「かくぎょう」と読む。

まで比重が重くない。それに地球人は異常に暴力的だ。

彼らとは、マルクトとイエソドの間のいくつかの階層で遭遇する。そのためには、わたしたちのほうが上がらなくてはならない。マルクトとイエソドの間にはたくさんの階段があると想定してみよう。モンロー研究所の『ゴーイングホーム』というヘミシンクのプログラムでは、番号を27までカウントする。毎度繰り返すと、必ず同じ番号のところで、同じものに遭遇する。階段の何段目が難所とか、体験的に地図ができる。忘れていても、同じことが再現される。彼らが親切で降りて来てくれるなら、宇宙的な存在との出会いの場所が、この何段目かにある。

マルクトの位置に四つの元素がある。死んだ直後にマルクトから離脱すると、そこに聖書に描かれる四つの川のように、南十字の四つの星がある。それはマルクトそのものではない。そしてカノープスの船に運ばれて、イエソドに着くのがケンタウルスだ。

*エドガー・ケイシーはアトランティスの堕落によって、人間が半人半獣になったと言う。アトランティス末期、あるいはエジプト初期に、治療す

*エドガー・ケイシー
1877～1945年。アメリカの予言者。変性意識状態でさまざまな分野について予言をおこなった。記録された予言の内容は多くが書籍化されている。彼は、予言のソースはアカシックレコード（宇宙の出来事のすべてが記録されている超越的な場所）だと語っている。

る「犠牲の神殿」と、美しく整える「美の神殿」が作られたというが、ここにはケイシーのキリスト教的な信念体系があって、アカシックリーディングの内容を曲げていると思われる。

半人半獣は堕落したのでなく、始めからそういう存在のほうが多く、そして人間の形にするというのは、人間の形に戻すのではなく、デザインして実験的にそういうものを作ったということなのだ。新型ファッションとして流行が始まったようなものだ。この〝人の形を作っていく〟ということは、まだまだ今でも終わっていない。人間はいまの形のまま、今後もずっと続くということはあり得ない。

肉体組織そのものは数年するともとの成分が残っていないように、絶えず休まず新陳代謝している。だから、改造するというのは、その肉体の形を維持しているエーテル体のほうに手を加えるということだ。今日の手術や改造は、すべて物質的肉体に働きかけるが、エーテル体は型を作り、肉体はそれに集まる闇夜の虫のようなものなので、自然にエーテル的な型に追従するのである。

この肉体のエーテル的な鋳型をデザインしたり、あるいは治療したりということに関係するのが、ケンタウルスのα星、トリマン*だ。何かをいじりまわしたり、境界線を設定したり、技巧的にいろいろと試みるのはシリウス意識の十八番だが、ベガ*を北極星にするグループは、人間の形というものにこだわりがあり、その子孫が住んでいると言われているトリマンでは改造と呼ばず、治療と呼ぶ。

恒星は動かず、自ら光を発するので、ここでは体験のための時間は、自分の積極的な意志で作り出さねばならない。つまり宇宙においては、時間というのは最初からあるのではなく、それは人工的に作り出されたものなのだ。一つのものを二つに割ると、元に戻ろうとする作用が働く。この元に戻ろうとする作用力が、時間や空間を作り出す。

恒星は、自らを分割することで、時間体験というものを生み出す。それは恒星が惑星を持つことだ。種々のエンティティが肉体を持ち、体験し、生きていくということは、恒星の内部、あるいは近くに惑星を持つことで、そこに体験の場が形成されるということだが、それは最後の最後まで仮の

*トリマン
ケンタウルス座のα星のこと。

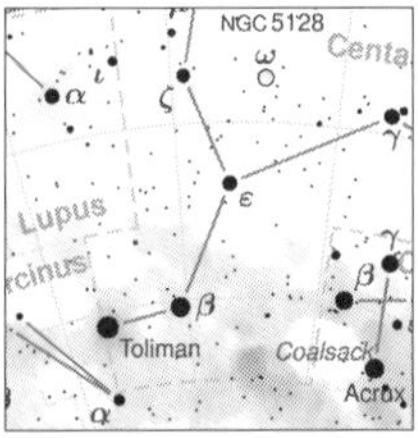

*ベガ
こと座α星。七夕のおりひめ星としても知られる。

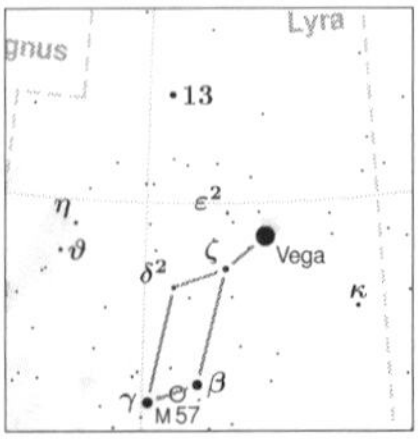

体験の場であり、すぐに終わってしまうということは忘れてはならない。ちょっと作って、モーターで回してみる。具合が悪いと思ったら、またスイッチを切って作り直し、また惑星回転のモーターをまわして、この中でちゃんと動くか確認する。

わたしたちが住んでいる太陽系のような構造は、プレアデスがデザインしたもので、それ以外にも、いろんな形の恒星、惑星の作り方がある。この太陽系は原子モデルを作っているので、ここから離れると、原子も存在し得なくなると思うのだが。

わたしは出張先のホテルでリラックスする時に、よく鮮明な映像を見る。どうしてなのか、とくに大阪は見やすい。２０１６年8月末に大阪で見た映像は、目を向けたところにはシャープな輪郭があるが、しかし目を向けたことで反応し、これまでとは違うものに変化してしまうというものだった。目を向けることに交流があるのだ。しかし目を向けていないところは、被写界深度が浅いレンズで見たように、ぼけたり、溶けたりしている。これは段ボールのような素材で作られた世界だと思った。生き物はフジツボのようで、環境と切り離されていない。段ボール製フジツボである。

段ボールの主材料は植物H48—192—768で、これはもっぱら法灯明的な性質で構成されている。つまり見られると、なにかしら喜んで反応するのだ。「愛されると輝く」のである。そして、自灯明の根底にある鉱物の比率が少ないと、見られていないところは溶けてゆくということになる。支えがないと、溶けて解体するのだ。自灯明は見られていなくても、自分を維持できる。

見られても反応せず、見られていないところも溶けていかないということのためには、外界に反応しない、自立的な性質が必要で、この自灯明的な存在性を確立するには一番重い鉱物が必要だ。地球の人間は身体に鉱物を含有していて、見られるたびに変化するというような身体ではない。段ボール製のフジツボ生命体は、鋭く反応する部位と、案外と動きにくい部位があって、それがまだらに光ったり、暗くなったりしていた。

生物のありかたを定義する時に、どういう素材の配分にするかで、性質というものがかなり変わってくることになる。地球人のように、鉱物を少

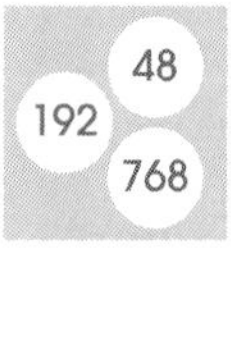

し多めにすると、変わらない、鈍い、見られても変化しない存在となるし、鉱物の比率を減らして、植物素材をメインにすると、見られると輝き、見られていないとだんだんとくすんで、溶けていくような生きものを作り出すことになる。わたしたちの肉体は食べ物でできているので、この食べ物の比率を変えることでも、存在の状態は変化していくものと思う。変わらない自分を作るには自灯明的なものを多くする必要があり、無脊椎動物をより多く摂取するとよいのではないか。菜食生活をして、しかもその中に鉱物比率が少ないものにしていくと、見られると輝くやわらかい生命になっていくが、受容的であるということは、こんにちの地球では、他者に押されすぎて、自分を維持できなくなると思う。それに自立性が極端に減ってしまう。

恒星は軸になり、惑星はそれを分割して、時間・空間体験をする場を形成する。惑星は恒星に依存し、その周りを回るので、まとわりつき、依存し、関係性を作り、恒星の光があたると、急に輝き、そして光が当たらないとだんだんと死んでいくようなものだ。

となると、法灯明の惑星H48の周囲にある月H96は、もう一つ振動密度の順番が落ちるので、自灯明となる理屈だ。これがエゴにこだわるとか、一度思い込むとずっと手放さないというような性質を作り出す。これをわたしは映画『ロード・オブ・ザ・リング』の登場人物に見立ててゴラムと言い、財宝をつかんで離さない者と考える。

ちなみに、鉱物はH96—384—1536の三つ組なので、H96に食べられている。つまり月の情念のようなもの、エーテル物質、情念の暗い炎のようなものを、神のように崇め、それを手放さない。だから、鉱物を持っていると、人間は決まった波動にロックされ、時にはそれが気分の安定を作り出す。

新月の前1週間は、空間のエーテル成分がやせ細り、魔術団体では座学だけをすると言うが、水晶を持てば、明らかにそれを補うことができる。水晶の気の集め方は尋常ではないのだから。それはH96を死んでも手放さない。これがすなわちレコード作用なのだ。

アジェナとトリマン

〝トリマン病院〟が治療するための場所と考えるのは、ベガ人たちの信念体系であり、シリウス人たちからすると、それはエステのようなもので、「どういう形がいいですか、最近はこれが流行ですよ」とリストを見せて、エーテル体をそのような形に改造していくということになる。

そして、この姿、形、性格などを作り出すには、恒星的な恒久的個性から導き出された、それにふさわしい人生体験、時間体験、空間体験が必要で、これは恒星から惑星に落とすということだ。わたしは自分が生まれる前のことを記憶している。山の上で軍人がわたしを乗せたベビーカーを押して崖のそばまでやって来ると、その軍人は「わたしはこれ以上は進めません。以後は自力でお願いします」と言って、わたしを崖から落とした。下には茶色の水があり、この中に落ちてゆき、やがて、わたしは生まれた。山の上は、アリストテレスのいう、月の上の世界であり、崖から落ちると、四大の支配するマルクト、つまり地上に生まれるのだ。

ケンタウルスの二つの足のうち、βのアジェナ*は、このように崖から落として、惑星世界に持ち込む。ケンタウルスは水蛇の毒を塗った矢が足に刺さって死ぬのだ。それはシリウスがデザインした後のことだ。α星のトリマンは、この治療する、あるいはシリウス的にはデザインする場所である。アジェナは惑星世界に落とすことだが、トリマンはまたそこから回収する。

ということは、わたしたちは銀河ツアーで、このケンタウルスのアジェナ、トリマンを行き来することで、自分改造、あるいは自己治療をして、あらためて惑星の時空経験領域に入りなおすことになる。もちろん惑星体験は、この太陽系の中の地球でしなくてはならない。それでも、地球においても多数の次元、つまりマルチ地球があるというのは、それぞれの星雲界の支社のようなものでもあるので、生存形態については、いろいろと選択肢があるということになる。地球においてのしがらみ、妻子がいるなどなら簡単には移動できないと思うが、しかし生き方を変えるというような軽いものならばできる。

*アジェナ
ケンタウルス座のβ星のこと。アゲナとも言う。

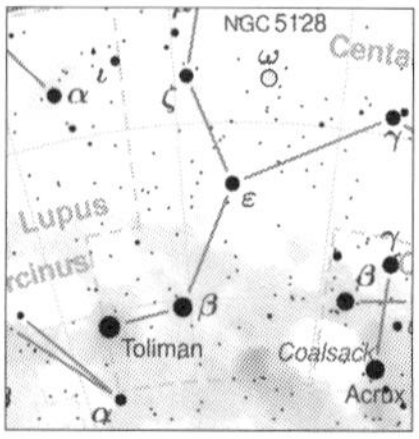

男女の分割

地球の異なる次元の世界の一つ、シャンバラ*は、グレート・ホワイト・ブラザーフッド*（聖白色同胞団）の場所だと言われているが、このグレート・ホワイト・ブラザーフッドはケンタウルスをメインの拠点にしているという話がある。この場合、惑星体験をしようとする〝人の形をしたもの〟は惑星に住み、非物質的高次な身体を持つ存在は恒星に住むことになる。そしてケンタウルスの便利なところは、アジェナを通じて転落可能であり、つまり惑星に落とされ、またトリマンを通じて戻り、さらに違う形に改造したりができるということだ。この改造においてもっとも特徴的なことは、性の分割をするということである。それは特に必要なことでもないが、時間体験というのは存在の二極化なので、必然的に男女という分割が生じやすい。それに、愛されると輝くタイプと、愛されても何も変わらないタイプもあるわけなのだから。ただしこの分割があると、トリマンが回収できにくくなるケースもある。つまり妻子ができたりするからだ。

*シャンバラ
伝説上の理想郷、ないしは仏教王国のことで、チベットやゴビ砂漠にあると言われてきた。

*グレート・ホワイト・ブラザーフッド
神智学を創唱したブラヴァツキー夫人が教えを受けたとする人物らの結社。人間を超えた存在たちが集まっているとされる。

アセンションというのは、次元上昇と言われているが、グレート・ホワイト・ブラザーフッドはとりわけアセンションに関係するだけでなく、アジェナを考えてみれば、ディセンションにも関係するということになる。わたしのように、山の上で崖から軍人に突き落とされるという体験をした人は、イエソド＝エーテル領域からアジェナを通って惑星世界に転落したということなのだ。ディセンションである。記憶では、この軍人はわたしの部下の立場にあるような素振りだった。

生命の樹対応にすると、上昇はネツァクとイエソドラインで、下降はホドとイエソドのラインになるが、ネツァクとホドはヨガのチャクラでは火を表すマニプラであり、その陰陽分割に該当する。ケンタウルスは火から水へ、水から火へという行き来である。

性差を単純な形でなく、もう少し変形したものにいじりまわすというのは、トリマンにいるシリウス人たちということになり、形がおかしくなってしまったので治療するのはベガ人たちになるが、この切ったり張ったりの現場を見学するには、銀河ツアーでトリマンに行くことになる。性同一障害を病気とみなす人がいるが、それは病気ではない。シリウスの凝った趣味に過ぎない。

シリウス人との遭遇

ツアーではケンタウルスの後はシリウスに行くのだが、わたしがシリウス人と会ったのは初めてインドに行った時だ。そこは、わたしのジオセントリックのホロスコープのマップで火星、海王星が子午線貫通するところで、火星・海王星はわたしの恒星パラン（236ページ参照）ではシリウスと重なる場所だ。

インドに行った時にはそんなこととともつゆ知らず、食事が合わない、違和感がありすぎるということで、身体的にかなり疲労した状態だった。わたしはサンニャーシン*ではないが、サンニャーシンの友人がたくさんいた。そのうちの一人は彼の妻とともにインドに来たが、妻はあまりの環境のギャップにショックを受けてホテルに閉じこもり、インドの食事も拒否したと言う。しかし夫のほうは嬉々として、屋台で果物を食べたりしてエンジョイしてい

*サンニャーシン
世俗的な生活から脱して、インドで修行を始める人のこと。

る。その彼の妻とは違うが、何らかの理由でわたしも少しずつ心身がおかしくなり始めた。その理由は、火星・海王星に決まっているのだが。

満足に食事をしないと、人は地上的なところとの結びつきを失う。なにせ身体は食べ物でできている。食べないのなら、地上から離れてしまうのは当たり前で、そのぶん、地上的でないものに接触しやすくなる。

そんな時、わたしがホテルの部屋で見たのは、緑色で皮膚が濡れていて、痩せている、レプタリアン*と人間の中間のような男だった。わたしは恐怖を覚え、緊張した。この恐怖というのは、相手が怖いというより、単に自分のリアクションでもある。二度目ならば怖さは感じない。実は、わたしが自覚していないだけで、初めてこの存在に会ったのは高校生の頃だと思う。だいたい、わたしはシリウスを映画『エルム街の悪夢』の殺人鬼フレディと同じような感じだと思っている。彼らは見えないドアを出たり入ったりする。

火星・海王星というのは、サイキックやオカルト的なものを意味することが多い。わたしにとってはシリウスというのはオカルト的なものと受け取られている。たとえば、イギリスのゴールデンドーンなどはオカルト的

＊レプタリアン
ヒト型爬虫類のこと。レプティリアン・ヒューマノイドと言うことも。

なことをしている。ここではエーテル体を操作することに大きな力が注がれている。もしエーテル体を扱わず、精神的なものだけにとどまるならば、それはたんに教養、哲学、思想だ。

このエーテル体を操作するというのが、シリウスの特徴だろう。たとえば、身体を改造するという時に、処置はすべてエーテル体に対して行われるのである。

古代においては、神々の戦いとして、鳥族のリラ（こと座）人、鷲族のプレアデス人、蛇族のシリウス人の間で戦いがあったと言われているが、ヒューマノイド型、非ヒューマノイド型、物質型、非物質型、すなわちエーテル体どまりの存在など、あらゆる形態のものがシリウスではごったになっている。地球上では、人と動物のセットのような姿であるが、それだけでなく、あらゆるものが混じり合う。ちなみに鷲族のプレアデスは、支配的なプレアデスで、それが地に落ちた時に蠍《さそり》になるのだと考えてもいい。わたしは今回の人生では、今までに二度ほど、この鷲族から圧力を受けた体験があるが、その時に感じたことは、これは一人ではとうてい対処不可能、というよりも人間には無理というものだった。空気すべてから強大な圧力がかかってくる。かといって従う気にはならない。こういう時には違うグループに助けてもらうしかない。しかしプレアデスには他にももっとたくさんの種類があり、高圧的なプレアデスだけではない。

シリウスのライン

以前、講談社現代新書から『日本人はなぜ狐を信仰するのか』という狐に関する本を出したことがある。そこでは稲荷信仰について書いたのだが、もともとはエジプトのアヌビスがジャッカルになり、ジャッカルがいない中国では似た動物に置き換えられ、そして日本では狐になったという経緯がある。稲荷狐は生と死の境界線を行き来するが、シリウス意識はこの生と死の境界線を行き来するのではなく、生と死の境界線の線引きを〝変更・調整〟するのだ。わたしたちから見ると、肉体が死ぬことこそがすなわち存在として死を迎えることだと考える。しかし生のエリアを、もう少し振動密度の高いレベルに移してみると、わたしたちには見えないが、エーテルレベルではまだ生きているということになる。わたしは、この境界線というのは、H96とH192の間のどのあたりに設定するのがいいのか何十年も考え込んできた。今では、もうずるずるとあいまいに考えることはなくなったが。

秦氏*が弥勒信仰と稲荷信仰などを日本に持ち込んだのだと思うが、この稲荷狐はシリウスに大きく関係しており、伏見稲荷で商売繁盛のお願いをすると、エーテルレベルに願望をぐいぐいとねじこむことになる。願い事をエーテル体にねじ込むというのは、アストラル・エーテルを作るということだが、一番効率がいいのは朔望月*の周期を使うことだ。願い事はねじ込まないと実現はしない。とても怪しい行為であるが、不思議なことに伏見稲荷などにはそういう力があるように思える。

つい最近まで、このシリウスのラインが、今日生きているわたしのところまでスムーズにつながっていなかった。エジプト、ないしは西アフリカのニジェール川あたりに始まり、そのラインはインドまで来た。ところがインドで断絶し、そこから日本まではうまくつながらない。以前、自分に

*秦氏
「はたうじ」と読む。渡来人で、秦の始皇帝の末裔などといった数多くの伝説がある。日本にやって来た後、各地に土着し、大陸の当時の最新技術や思想を伝えた。時代としては3世紀ごろという説もあるが確かではない。

*朔望月
新月（朔）から満月（望）、そしてまた新月へという月の満ち欠けのサイクルのこと。新月の日に願いをかけたものが満月の頃に成就すると言われる。

とって一番落ち着く場所はどこなのかを考えていると、夢の中で地図が現れ、この場所だと指定された。朝起きて実際の地図で確かめたらそこはインドのチェンナイだった。わたしはそこに行ってみた。その頃のわたしは、ＩＣ*に土星が来る場所、つまり地球上においての安住の地はどこなのかを考えていたのに、この夢で指定された場所は、正反対のＭＣ*に土星が来る場所だった。子午線という点では共通しているのだが。

チェンナイに行ってみて、そこに聖トマス*の墓があること、そして神智学会アニー・ベサント派の本拠地があることを発見した。聖トマスはイエスの双子の兄弟で、そしてグノーシスだ。グノーシス的であることとシリウスというのは非常に密接な関係がある。もしもプレアデスが世界造物主ならば、グノーシス的ではあり得ない。むしろグノーシスは反抗的なので、撲滅するべきなのだ。

ナグ・ハマディ文書*では、天使長をだますゾーエ・ソフィアがいて、そしてアダムはほとんど泥人形で役立たずで、今日知られている聖書とは内容がまったく反対だ。アダムの骨からイヴを作ったというわけでもなく、

＊ＩＣ
占星術において、黄道がホロスコープ下部で子午線と交わる点。「Imum Coeli」の略。

＊ＭＣ
ＩＣとは正反対にあたる位置で、黄道がホロスコープ上部で子午線と交わる点。「Medium Coeli」の略。

＊聖トマス
イエスの12人の使徒の一人。インドに布教にやって来て、チェンナイで亡くなったと言われている。この聖トマスを祀る聖堂がチェンナイにある。

＊ナグ・ハマディ文書
ナグ・ハマディ写本とも言われ、１９４５年にエジプトで発見された古代キリスト教の文書。グノーシス主義に関係した文書も含まれていた。

イヴはソフィアが天使長を出し抜くために作ったロボットだ。

当然天使長とはプレアデス的なもので、こずるいソフィアはシリウス的だ。シリウス的な女性の神格にはイシスやハトホル*もいる。イシスが計略に長けているというのは有名だ。また、聖書の蛇はシリウス人だともよく言われる。

シリウスは、複数のラインを使って日本に到達したので、わたしはこの複数のライン全部をたどり歩こうとした。マニラの自殺者と関わっていたのも、このことに関係している。つまり、オカルト的、心霊的なものは、みなわたしから見ると、エーテル体操作の技術屋たちのシリウスに関係した事柄だからだ。マニラの自殺者と夜中に遭遇していた時、その自殺者の意思によるというよりも、シリウス人たちが、この状況を〝科学的〟に観察するようにと、事例としてわたしに紹介したのだと思う。

ラグランジュ点とシリウス人の基地

蘇我氏はシリウス信仰だと言われているが、彼らは古墳をつくり、ピラ

*ハトホル
エジプト神話の女神。ギリシャではアフロディーテとして崇拝された。

ミッドを作り、地上においてのエーテル体のライン、すなわち惑星グリッド、パワースポットを調整したりしている。蛇族は、地上の蛇、すなわちレイラインなどを活用するのである。それはオオモノヌシと言ってもいい。

シリウスAはリラ系でおとなしく、シリウスBはレプタリアン系で何かと行動的と言われているが、アルクトゥルス・シリウス複合体は主にシリウスAのほうで、これは治療、ヒーリング、瞑想などに関連するものが得意だと言われている。この治療というのは、すでに書いたように、シリウスのお家芸として、身体的、心理的なヒーリングに限らず、エーテル体改造に働きかけるものだ。

秦氏の血筋の人は占いに鋭い才能を発揮するというように、シリウス系の人はこのヒーリングなどには特有の技術を発揮するが、特に優れたグループはエーテル体に働きかけ、それを調整・加工する。死と生の間の境界線を行き来しているということだ。知人のアカシックリーディングのH氏は、自分のことをシリウス系と言っているが、生徒を集めて、後に説明する頭の8方向のラインをいじりまわしている。そしていろんな人が異変を起こし、病院に行ったりしているが、つまりそれは十分に効果を上げているということだし、シリウス系はそもそも気にもしない。

このエーテル体を加工・調整することこそが本性で、だからこそ、アルクトゥルス・シリウスのマトリクスは、月に基地があると言われているのかもしれない。シリウスがいじりまわすと、痛みがある。この痛みをすぐさま緩和してしまうのが、アルクトゥルス。まるで潤滑剤を塗りこむようなものだ。月は人類のエーテル体に関係し、人類のエーテル体を偏った形でヒステリックに振り回している。それは月が七つでなく、一つしかないことに起因する。その月にシリウス人たちの基地があるというのは、おそらく誤った情報だと思う。本質的に49日で剥がれないエーテル体を形成するには、わたしが言う「中二階」の人工の月が必要で、その点からシリウス人の基地とはラグランジュ点*にあるこの「中二階」のことを指していると思われる。それはアルクトゥルス、シリウス、プレアデスなどの連合によるもので、太古の時代から存在する。

彼らは、わたしたち人間が見ている肉体の物質的輪郭を正確には把握で

*ラグランジュ点
たとえば人工衛星のような物体が、地球と月などの天体間で、引力と遠心力が釣り合うことで安定して周回できる位置のこと。右図のようにL1からL5までの5ヵ所あることが計算によって判明している。

きていない。この肉体の輪郭を正確に把握するには、何十年も地上で暮らさなければならない。そもそも幼児は、肉体を正確に認識しない。まだ地球の見方に慣れていないのだ。彼らが作った月の基地も、月のようでいて、実は少しばかり振動密度が高い領域で、それは見える人には見えるといったもので、エーテルレベルで乗り込まなくてはならない。当然、見えない人のほうが大多数である。この場所でもヒーリングはある。人によっては、手術台に寝かされていたということを、ずっとあとで思い出す場合もある。

ヒーリングはシリウスで行われるのではなく、ケンタウルスでシリウス人が出向くのだ。ケンタウルスのアジェナ、トリマンそれ自身はヒーリングに関係すると言われているが、どちらかというと心の傷を扱う。シリウスのものは、心の傷などというレベルでなく、エーテル体の再調整・加工だ。アヌビスが、ミイラ作りに関係しているということから推理してみてもいい。

わたしたちの身体で、月に照応するのはスワディスタナ・チャクラなので、このチャクラを探し回ると、この中に中二階システムの反映が見つかると思う。生命の樹ではイエソドだ。シリウスは黄経では蟹座の15度前後で、また黄緯ではマニプラ・チャクラに近い位置にある。
シリウスの著しい変容力には、シリウスAとシリウスBの協力関係が必要で、どちらか単独では機能できないのではあるまいか。それはレミニスカートのようなものである。生き物の形態に入ったり、消えたりというようなな変容はシリウス種族にしかできない。でも、教えてもらうことはできるかもしれない。身体を筒にしたり、また生き物の形に戻ったりというのを自由に行き来するのを見ると感動する。でも自分がそうなりたいとはあまり思わない。レムリア時代には人類も筒の形だったので、遠い記憶を思い出すと、違和感はなくなるとは思うが。

図4　七つのチャクラ

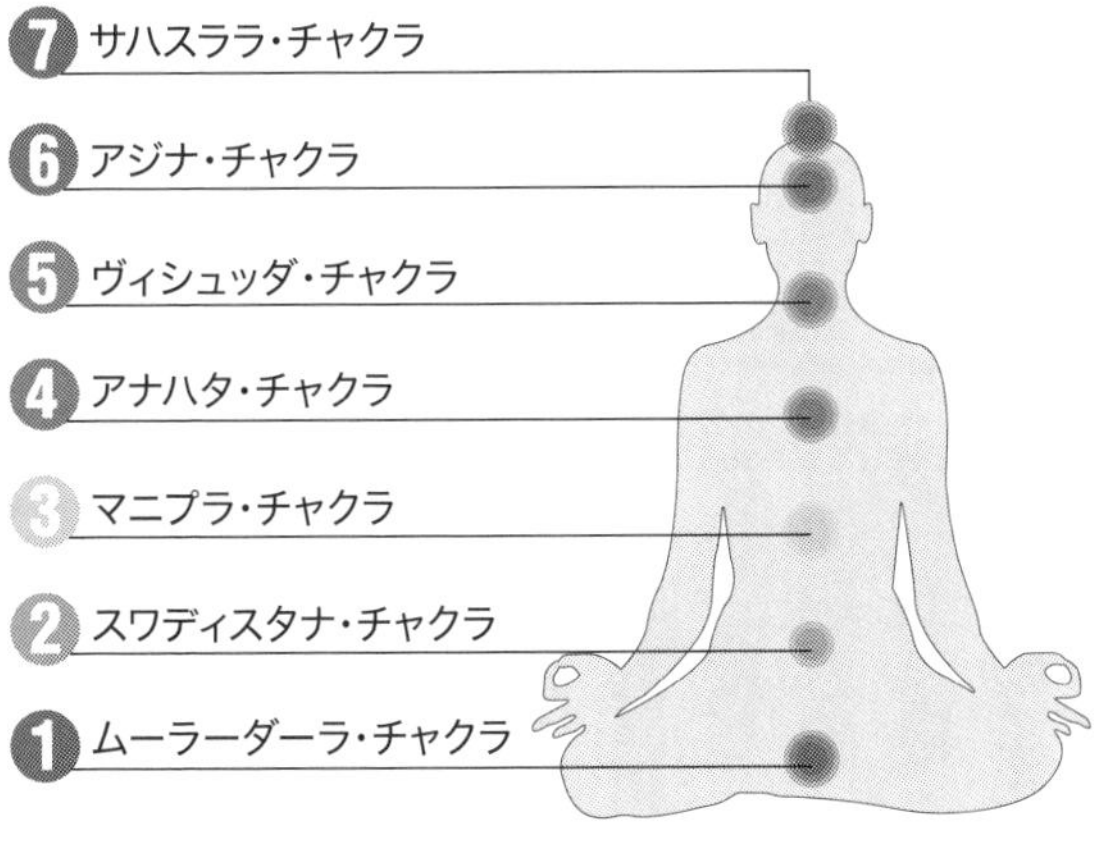

chapter 4

プレアデス・オリオンシステム

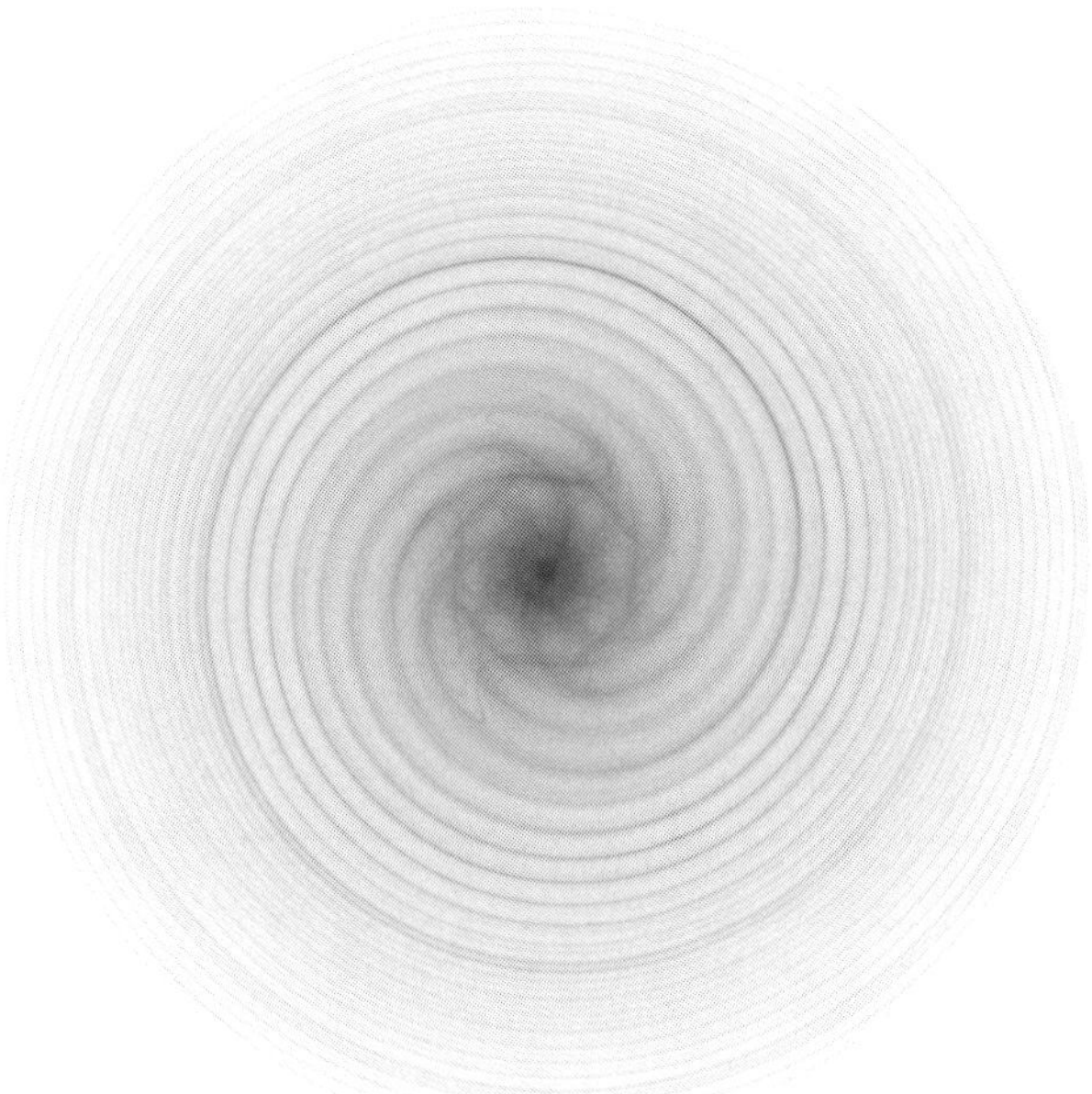

第四の身体

わたしのブログの読者からこんな質問が送られてきたことがある。
《第四の身体は、どこにどのように存在し、何か意識のようなものは発生するのでしょうか？》
これはわたしが、グルジェフのエニアグラム*で人間は第一オクターヴとしての肉体を持ち、次に第二オクターヴとしての空気ないし感情の身体がつながり、第三オクターヴとしての印象あるいは思考の身体があると説明したことに関する質問だ。肉体はＨ７６８から始まり、空気の身体はＨ１９２から始まり、思考はＨ48から始まる。しかしこれは普通の人間の話であり、高次感情センターの振動密度Ｈ12までは進化するが、その先はない。そこで宇宙に飛び出して獲得するのが、Ｈ６の第四の身体なのだ。これはグルジェフのエニアグラムには記述されていない。第四の身体があると、身体が死んでも、これまでの第二、第三、第四という三つの層ができるので、そのまま記憶は維持する。

*エニアグラム
グルジェフの思想の中心を占める左のような幾何図形のこと。グルジェフはこの図を用いてさまざまな宇宙法則を説明する。

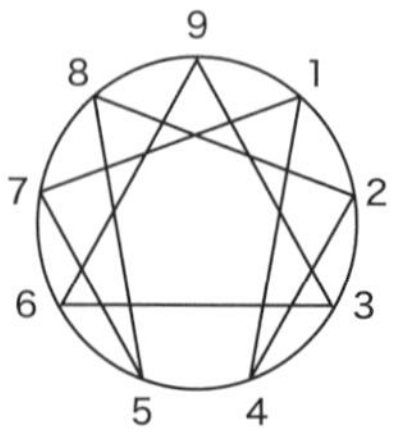

人間は基本的に三層で構成される。犬は二層。虫は一層だ。これまでは短命な人間として、身体、感情、思考という三つの層で生きてきたところを、もしも身体を失っても、感情体H192を一番下の〝肉体〟にして、全体を底上げしていくのである。もしも可能ならの話だが。

これを言いかえれば、第一、第二、第三オクターヴに替えて、第二、第三、第四オクターヴの三層となるということだ。そして第四の身体は星雲界の身体で、H6なので、太陽系の中では破壊されない。第四の身体の寿命は極めて長く、この頂点となる要素が生体のパイロット波になるので、生体の目的、意図はきわめて明確になる。それを歳差活動の長さになっても、忘れていない。ちなみにヨガ式に言えば、第一、第二、第三、第四の身体は、馬車、馬、御者、主人の四つとなる。シュタイナーは、人類はこの最後のボディを手に入れるのにあと3000年かかると言う。これは星

図5　エニアグラムと第一、第二、第三のオクターヴ

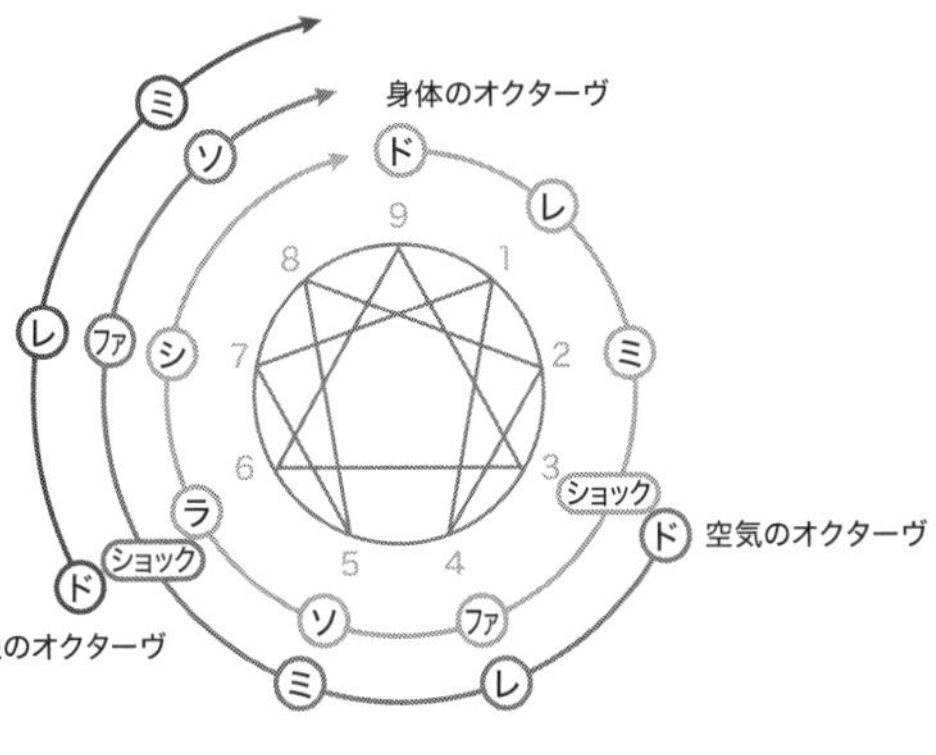

雲界の人間、つまりアントロポスでなく、地球人の場合はという意味だ。

　第四の身体を持つことは、人間は三層の生き物であるということからすると、第一の身体はあまり必要でない場合もあるということだ。とはいえ、通常の人間の形態において、何らかの理由で第一の、すなわち肉体が損なわれた時には三層を維持できないので、存在は結晶を維持できず、記憶も失う。科学・医学はH96までしか認識しないので、これよりも上位にあるものは科学・医学では検討が不可能だ。第二オクターヴの身体でさえ、もう存在しないと科学・医学は考えている。古代においては人は霊、魂、身体があると考えられていた。キリスト教は、霊はなく、人は魂と身体であり、しかも魂は生まれた後に育つのだと教えた。科学・医学はそれをもっとエスカレートさせた。魂はなく、身体のみがある、と。

　人には空気の身体、つまりエーテル体が見えないが、猫には見える。ちなみに、シリウスBは猫のような顔をしていると言われているが、猫は空気の中にあるものをよく見ている。わたしが20代の頃、こっくりさんにはまっていた時期があり、その時は街を歩くとあちこちの猫が怒って威嚇してきた。毛を逆立て、尻尾を立てて。

もう一度言うが、太陽系の中では第四の身体は手に入らないのだが、そもそも太陽は恒星だから、これは第四の身体に等しいと言える。つまり、太陽系の中では、唯一、太陽という第四の身体を借りることができるということだ。そしてこの太陽をめぐって、七つの輪廻を体験することになる。つまり第四の身体を持たない人は、太陽系に従属し、この中で自動的に輪廻を体験する。時間は惑星の回転にまかせられ、星雲界の人のようにあたかも空間を歩くかのように時間を歩いたりはしない。死んだら記憶がなくなる。記憶がなくなるというのは、太陽に委ねているということだ。生きている間に太陽の機能を盗み出すと記憶は続くが、太陽はその存在を嫌って外に追い出す。

太陽系に属してそれに従っている人は、自動的に太陽神信仰をしているという意味になる。ここではみな同じ考え方をしなくてはならない。太陽は一つしか必要がないからだ。一方、星信仰は、太陽の光に隠れてしまいがちな複数の恒星に従う人で、太陽系ルールが通用しなくなり、つまりは輪廻に従わない。どこかの星雲界からダイレクトに来て受肉し、そしてまた帰っていく。それには何か特別な目的がある。だが、輪廻は、自動的に時間が動いてくれるという惑星領域でないと成立できない。

星雲界から来たスターシードは、ほとんど輪廻に従わない。輪廻とはプレアデス・システムで、太陽系内で集団社会を作り出して都市を作り、ヒエラルキアを作り、穀物栽培をし、これが時間の中で進行する。アマテラスは、プレアデスから来た存在という意味で、この子孫が天皇にあたる。このアマテラスは、プレアデスの中でも非人間種である。そのため、『先代旧事本紀』*に書かれているように、初代から三代までの天皇は龍の身体をしていたという話になる（アヌンナキ*と同調しているプレアデスもある）。

四つのボディ

先ほどの第四の身体についての質問者と違う人からは、こんな質問も送られてきた。

《何点か教えていただきたいことがあります。先生がおっしゃっている

＊先代旧事本紀
平安時代初期に編纂されたと考えられる全10巻の史書。天地開闢から推古天皇までの歴史を記載。

＊アヌンナキ
シュメールやアッカドの神話に登場する神々。この神々が自らが働かなくてもいいようにと人間を創ったとされる。古代シュメールではアヌンナキは爬虫類のような姿で描かれている（左ページの写真）。

四つの体というのは、グルジェフの言う肉体（第一の体）、アストラル体（第二の体）、メンタル体（第三の体）、原因体（第四の体）に対応していると考えていいでしょうか？　また、Ｈ６に食べられるということは、Ｈ24が中層になるかと思うのですが、その状態で第四の身体が手に入るということになるのでしょうか。また、Ｈ24が中層になるというのは、思考、感情、動作のＨ24の三つ組を手に入れるということかと思っていたんですが、その認識であっているでしょうか》

わたしが言う四つの身体は、まずは食物を取り入れていくＨ７６８から始まる第一オクターヴ。空気からの第二オクターヴでＨ１９２の身体。印象の第三オクターヴでＨ48からのもの。そしてエニアグラムには明記されていない、９の数字の位置に入るＨ６の身体のことだ。この場合、Ｈ６のみが、世界外、つまりエニアグラムの外にある。言いかえれば、外からエニアグラムの9の位置に持ち込まれるものだ（１０１ページ図5参照）。

　身体が取り入れた食物は、少しずつ体内で高次なものに変わり、空気の身体もそのように上昇し、印象もそうで、これらのエッセンスがＨ48肉

体、H24アストラル体、H12メンタル体、H6原因体を結晶化させる。だが、そのためにはあまりにも大きなエネルギーを必要とする。

H24は、身体、感情、思考、あるいは三つのオクターヴの中で育成され、健康な身体、明るい感情、聡明な知性という具合にして三つが揃うとコンプリートになり、次のH12を育成してゆく土壌になる。H24が揃ったとしても、それでH6が備わることにはならず、H6のためにはその土台としてH12が三つとも揃わなくてはならないのだ。そして第二オクターヴのH12だけが宇宙に飛び出て、H6の星雲界に接触する。H12は本来の性質としては感受するものなのだが、恒星領域に浸されることで、しだいに与えるものへと変わる。これは「見る、包まれる、なりきる」という三段活用だ。

そのままでは本性はさほど変わらないのだが、降りる時に、与える側に転換するコツを覚え込む。そして降りてきて、第一、第三オクターヴのH12に付加ショックを与える。上にあるものは自由に下に降りることができるので、H6は、第一、第三オクターヴに必要な、欠けているドの音の

Ｈ12を持ち込むことができる。

身体が作り出すＨ12は性的なエクスタシーの時に感じるような種類のもの。第二の感情のオクターヴにおいては、崇高さ、感動するもの、言語がついてこれない速度のもの。思考のＨ12は、象徴・神話言語で、言葉・事物の違いを乗り越えた知性。この高次な思考は、たとえば聖書のイエスの言葉を考えてみるといい。イエスは何一つ具体的なことを示しておらず、そして非常に多くのものに適用できるような言葉を使っている。しかし思考のＨ12は象徴的であっても、最終的な理解というものを得ることがない。本当のところは何か。これはＨ６の思考でないとわからない。言いかえれば、イエスの知性はＨ６で機能しているということである。

第二の感情のオクターヴでのＨ12は、通常の知性ではついてこれず、記憶喪失を起こす。だが、第三の知性のオクターヴにおいてのＨ12は、それをそのまま受け取ることが可能になる。夢を見て、どういう意味なのか考えているのは、Ｈ48の知性。洞察し、理解し、推理できるのはＨ24。そしてＨ12は解釈を通すことなく、そのまま理解するもの。この知性を育成するために、象徴的なタロットを使ったりするのもよいかもしれない。

いずれにしても、Ｈ12が欠けているとＨ６は手に入らない。すでに書いたように、Ｈ６を獲得するには第二の感情オクターヴのＨ12がその導引になる。［妬み／Ｈ48］→［わかった／Ｈ96］→［「どういうことなの?」という問いかけ／Ｈ48］→［わかった／Ｈ24］というふうに連鎖してＨ12が作られるが、Ｈ12もＨ６も、地上において普通に暮らすのにどうしても必要とは言えない贅沢品である。つまり地上の生活で育成されることはほとんどない。しかし、優れたクラシック音楽や客観芸術は、感情のＨ12を育成する。Ｈ12はＨ48が支配する地上では、不死の成分である、つまり、風化することがないので、同様に風化しない芸術などを見れば、たいていそれらはＨ12で作られていることが判明する。

高次感情センターと性センターの共鳴

グルジェフの振動密度については、すでにだいぶ説明したと思うが、ここではあらためて高次感情センターと性センターの共鳴関係について書いておきたい。これはともにＨ12の速度で機能している。すでに書いた通り、人間は三つの層でできており、これは身体、感情、思考だ。性センターは身体が生産する最高の物質Ｈ12でできており、この究極の成分は腰の位置に蓄積される。

感情が獲得する最高の物質が高次感情センターのＨ12で、これは口では言えない崇高な感情とでも言えばいいのだろうか。そして思考のＨ12もあるが、これはほとんどの人が発達していない。たいてい思考速度はＨ48で、本を読んで勉強しているという日常的な思考はこのＨ48の速度で動いている。そして何か新しく発見した、理解した、洞察したという瞬間の速度はＨ24である。

身体の最高の物質は性センターのＨ12だが、運動や本能的なものはＨ24の速度で働く。マラソンをしてランニングハイになった時、βエンドルフィンなどが脳から出てくると言われているが、こうした麻薬物質のようなものは、だいたいＨ24の速度だ。気持ちよく、何でもできるような気分になり、これはＨ24特有のものだ。知性においてＨ24で動作することをジョン・C・リリー*は「専門家的サトリ」と名づけていた。専門家が持つ、常人にはとうてい発揮できないような優れた能力というわけである。これは長年継続することで蓄積されていく。

「バイノーラルビートを聞いたら、どうもいやらしい気分になってしまったようで困惑した」と、ある人が言うのを聞いたことがある。その人は続けて「誰もそんな書き込みはしていないし、真逆の方向に行っているのではと心配になって、ネットで調べてみたら、女性がオーガズムを感じている時はシータ波になっているんだとか。ということは、いちおうシータ波の状態に入っているんでしょうか。その感覚に気づいてから、頭痛がなくなりました」と話していた。

宇宙に飛ぶには感情のH12が必要で、これが唯一エニアグラムの9の、外宇宙との扉から外に出ることが許されているものだ。思考のH12と身体のH12は、雛鳥のように巣の中で口を開けて待っているだけで、自ら太陽系の外に出ることはできない。

身体の最高の物質である性センターのH12は、同じ振動の高次の感情

*ジョン・C・リリー
1915～2001年。アメリカの科学者でイルカとのコミュニケーションを研究。後にアイソレーション・タンクを開発して変性意識状態でさまざまな異次元体験をする。その様子は著者『サイエンティスト─脳科学者の冒険』で知ることができる。映画『アルタード・ステーツ／未知への挑戦』のモデルは彼だと言われている。

センターH12と共鳴しあう。ちょうど運動すると、身体のH24が重苦しい感情に影響を与えて感情もH24になり、気分がすかっとするようにだ。

シータ波になった時に、「どうもいやらしい気分になってしまったようだ」というのは、性センターと高次感情センターが共鳴しあってしまうからだ。これに弊害があるとしたら、次のような事態だろう。感情が高次な領域H12にまで達していない場合には、感情は高速すぎる性センターの力を盗み出し、何かに夢中になる性質を発揮する。H12は法悦、忘我に至る速度を持っているので、感情は完全に我を忘れてしまう。すると脱線して人生を踏み外す可能性がある。

また高次な感情センターH12がある程度発達している場合、これが地上に向いている時には、宇宙的な方向に飛び出す気持ちがないことになる。しかし多くの場合、高次感情センターは地上にはさほど興味を向けない。地上は低速なH48で機能しており、時折優れた人がH24で動いているが、H12からすると総じて退屈で、目を引くトピックはない。いつも似たような退屈なことが繰り返されているだけで、時代が変わってもこれは変わり映えしない。

高次な領域との接点を持つには擬似恋愛的な感情が必要だというのは、まるで*スーフィーの瞑想のようだ。スーフィーでは、「神々との睦言《むつごと》」という段階がある。ジョン・C・リリーは感情の高次な領域H12は、恋愛に夢中な時の振動に似ていると説明しているが、たいていの恋愛においてはここで性センターH12が混同されて使用されている。

しかし性センターは最高の物質ではあるが、それが身体に閉じ込められているということは、高次な感情センターが性センターに共鳴しすぎると、同様に身体に閉じ込められるということだ。つまり、地上にいる異性に関心がクギづけになるのだ。誰かに夢中になるには、この誰かを認識できる知覚意識、すなわち自分という個体に閉じ込められなくてはならない。この個体という知覚がないことには、相手の価値を認識できない。〝人の形〟に魅力を感じるには、〝人の形〟である必要があるのだ。

そのため、いつまでも性センターと高次感情センターを共鳴させ続けていると、精神宇宙探索には出かけられない。そもそも星雲界の生命には人

*スーフィー
イスラム神秘主義者のことで、現在も一般的なイスラム教徒からは異端として見られている。セマー（旋回舞踏）などの舞踏を行法に用いることでも知られている。

間の形は少なく、蛇、レプタリアン、昆虫的な形態が多いのではないか。〝人の形〟にこだわりすぎていると、ここで拒否反応も起こる。

変性意識導入には自分に向いた方法を

変性意識に入り、星雲界Ｈ６の力を受け止めるという作用は高次の感情Ｈ12にだけ可能なことであり、高次の感情Ｈ12を育成するのに性センターＨ12の力を借りるのは初期の段階だと思われる。この二つを混同しないように気をつけた上でなら、ロケットが飛び出す最初の段階の燃料として、「どうもいやらしい気分」を利用することもできよう。座禅して、呼吸法で数十分かかるのなら、こちらのほうが早いかもしれない。でもこれは適性がある人だけだ。中にはまったくこれに適性がない人もいる。高次の感情センターと、性センターは、混同しやすいという点で、かなり注意が必要ではないかと思う。

一般常識的なものはこの高次なものを含まない。一般的な概念の枠を踏み外した時に感じるなんとも言えない快感は、一般的な鋳型から自分の本当の個性というものを引き出そうとする瞬間の快感だ。高次な領域に入る時に、その人特有の個性が発揮される。これが性センターが内在的に持つ元型的鋳型なのだ。それは上位で所属する星雲型の個性と一致する。なぜなら、星雲界Ｈ６が発信し、高次の感情センターＨ12がそれを受信しているのだから。感情のＨ12は、自分に適したＨ６にだけ向かおうとする。つまり、自分が食べられている星雲界のＨ６にだけ食べられたいと願うのだ。

そのように、高揚に導くための何かしらその人のやり方があって、そこにその人の元型的個性が現れてくるのだから、変性意識には十人十色の入り方があるということなのだ。性的な高揚の他に、睡眠に入る時の入眠儀礼もある。わたしはその人なりのトランス状態に入る方法を模索してほしいと思う。舞踏によるトランスが一番向いているという人もいる。ドラッグが向いているというのはアボリジニーだ。記紀の神々も、それぞれが変性意識に入る特有のしかたを持っている。

ここで勘違いしないでほしいのは、変性意識はＨ６の受け皿としての

H12であり、決してH24ではないということだ。エンドルフィンが出た時とはH24のことで、それはひどく気分がいい。しかしH12とはさらに壮絶なものだ。わたしが「自分のやりかたを見つけてほしい」と言うと、「わたしは午後、椎名林檎を聴きながら紅茶を飲む時に変性意識に入ります」などという人が出てくるので、はっきりとH12とH24は違うことを理解しなくてはならない。

高次感情センターのH12が性センターと関わらずに宇宙に飛び出し、自分の所属する星雲系H6と接触してH6に変身して降りてきた時に、そこで思考H12と、身体の頂点にある性センターH12に付加ショックをかける。このときに、性センターにマッチングしないショックはまったく効果がない。〝割れ鍋に綴じ蓋〟という関係なので、結局そこにその人の独特の個性というものが反映されるだろう。

アルシオン

数年前にインドのチェンナイに行き、そこのショッピングモールで一軒の土産屋に入った時のことだ。頭に七つの蛇を持ち、蛇のような尻尾がついた女性の像を見つけ、それが気になったが、なにせ金属製で重いので買うのを断念した。しかし、その後も買うべきかどうか迷い続けて、二度、三度、その店に戻った。

　これは蛇を意味するナーガ*の女性形のナーギニーの像らしい。これはわたしが１９９９年に接触した身長5メートルほどの巨大な黒い存在を思い起こさせるものだった。後に、長野の諏訪大社の秋宮に行った時、この存在とまったく同じ匂いがしたので驚いた。数百メートル前から「この匂いは?」と懐かしさを感じた。匂いといっても物質レベルでの匂いではないのは当然だが。

　この黒い生き物は、１９９９年のある日、わたしと遭遇し、自分が母親だと語った。例のわたしの腕についていた大きなビーコンは、この黒い生き物に従属して働くグループの人々がつけたものだ。

　この黒い大きな生き物は、アルシオン*の知性体だ。地球人の遺伝子は、かなりの比率でプレアデスの遺伝子から作られたと言われている。それに

*ナーガ
インド神話における蛇神。ナーギニーはその女性形。

*アルシオン
プレアデス星団の中で最も明るい恒星、おうし座η（イータ）星のこと。ギリシア神話の7人姉妹プレアデスの一人アルキュオネーにちなんでアルシオン、ないしはアルキオネとも呼ぶ。

プレアデスの人々は、太古の時代、地球に大挙して押し寄せてきたのだと言う。そのため、アルシオンの存在が母親だというのは不思議でも何でもないのかもしれない。高次思考センター、あるいは星雲界の意識は、個人として所有できない。つまりわたしの宇宙的な体験のすべては、後から思い出してみると、わたし個人のものでなく、多くの人に適用されるようなものばかりだと言える。彼女はわたしの母親ではなく、彼女は我々の母親なのだ。

アルシオンあるいはプレアデスは、七つの法則を地球に打ち込んだ意識だ。これは神話でなら、プレアデスの7人の娘という表現になり、そしてそのうちの一人が地上に降りたというような言い方になる。地上に七つの法則を降ろすには、虹のように、一番下のものは地上に接していなくてはならない。もしこの地上に接しているものが戻ってしまうと、七つの階梯は撤収されてしまうので、今でも、象徴的に7人の娘の一人は地上にいるのだ。一番上はプレアデス、そして一番下は地球である。

相当以前のことだが、『UFOと宇宙』という雑誌に、*エドゥアルト・

*エドゥアルト・マイヤー　ビリー・マイヤーとも呼ばれる。スイスのUFOコンタクター。セムジャーゼとのコンタクトの記録をはじめとした、多くの著書がある。

マイヤーの宇宙人コンタクト記事が連載されていた。わたしは、そこに登場するプレアデス人のセムジャーゼに会いたいと、体脱した最中に突然そう思った。しかし上が明るく、下が暗いという二分された世界を見ているだけで、人の気配もないので退屈して戻ってきた。

その時は、誰にも会えなかったと思い込んでいたのだが、実はそうではなく、プレアデス意識に会っていたのだ。つまりこの上が明るく、下が暗いというのが、プレアデスの始源的な要素であり、この上と下の間に七つの架け橋が作られるのである。聖書の創世記は、プレアデス意識が作り出した思考の型だとも言える。一日目に昼と夜を作ったのだから。わたしが体脱で見た光景とは、この一日目なのだ。だから、創世記の神は、プレアデスか、あるいはプレアデスが代行したものであり、日本では文字通り、プレアデスはアマテラスとして神の位置にあるのだ。わたしがあなたの母だというのは不思議でもない。

神は女性型なのか

ところでその巨大な存在が、「父である」と言わずに「母である」と言ったのはどういうことなのだろう。西洋では神は父である。一方の日本では、最高神は父でも母でもなく、性別のない存在だ。どのみち星雲界には、男女などない。父でも母でも同じことではある。日本ではアマテラスは女性であると言われている。記紀は当時の権力者が思いのままに書き換えたものなので、信頼できる内容のものではないが、平塚らいてう*の「元祖女性は太陽であった」という文は、アマテラスのことを想定しているらしい。

アマテラスは太陽神であると考えられる。太陽は男性でなく、女性であるのが日本の考えだ。

太陽神というのは、他のものは受け付けないということを示している。それは占有権の主張で、他の星の光は太陽の裏に隠れてしまう。太陽系というのは、唯一太陽が支配している世界のことだからだ。

プレアデスが作り出した七つの階梯は、さまざまなものに適用される。

*平塚らいてう
1886～1971年。戦前に婦人参政権獲得のために戦った女性解放運動家。戦後は平和運動家として活躍した。

時間の流れ、そして空間の位置づけ。あるいはまた人間のヒエラルキア。プレアデスは、まず二つに分け、次にこの七つのシステムを太陽系の中に展開した。こうなると人間の輪廻も七つの体験をしていくことになる。これらはみな、順番に七つあるというのが重要だ。それはランダムでなく、シリアルなものなのだ。穀物栽培をして、定住し、都市を作り、人は休みなく働くようになり、経済システムが作られ、この秩序正しいプレアデス＝アマテラスの世界が広がった。スサノオが畑を荒らしたのは、穀物栽培、定住、糖質摂取中心生活、上下関係、経済主義、なによりも集団生活ということに反対したからだ。

七つの法則と12

七つの法則はプレアデス自身が太陽系の中に埋め込まれることで作られているので、いわば人柱のようなものであり、他者にやらせているというわけではない。

一時流行したマヤの話では、アルクトゥルス、アルシオン、地球の間に

〝13蛇の道〟*があると言われていた。アルシオンで七つだったものは、地球に来て、さらに五つが加えられた。これで合計12だが、13はそもそも、いろんな12に切り替える作用としてのものであり、この切り替え作用は本来、アルクトゥルスが持っていたものだ。

そもそもアルクトゥルスは先行する等級宇宙との通路でもあり、あらゆる星雲系の親元、あるいは中心部にあたる。ここからすると、アルクトゥルスは種々の12の法則を自由に切り替えられるのだが、アルクトゥルス自体は、アルシオンやプレアデスのように、自身を法則の中に埋め込むことはしない。

シュタイナーは次のように説明している。七つは生命の法則であり、太古の昔、感覚も七つあり、生命に連動していた。しかしある時代から感覚は12になり、七つの生命の法則には従属しなくなり、感覚は死んだ硬直したものとして人を固い殻で包み込むようになったと。プレアデス意識が七つならそれは生命法則で、そこに生命とは必ずしも連動しない感覚が加わることで、今日の地球人ができたということなのである。

＊13蛇の道
マヤ神話にある「13匹の蛇の住処」の道のことで、プレアデスと地球との間の13本の通路を表すと考えられている。『マヤの宇宙プロジェクトと失われた惑星』（高橋徹著・たま出版）に詳しい記述がある。

12のうち七つは生命が通り抜けるが、残りの五つは通り抜けられない。よそ者は、この残りの謎の五つは使えない。シュタイナーが、2万6000年の歳差の中で、12のプラトン月*のうち、七つしか取らず、残りの五つを知らないふりをするのは、通り抜けできないからなのかもしれない。通り抜けできないというのは、そこにいると地球意識に埋没し、身動きがとれなくなるという意味だ。記憶を失い、生き生きとした生命観を失い、感覚に没入するのだ。

13のチャクラということを言い始めたのはアモラ・クァン・イン*だが、これは地球特有の五つを含むことになるので、純地球的チャクラなのかもしれない。だから、よそ者は使えない。プレアデスのセレッシャル・チャクラは七つだ。つまりちょっと言い方を変えるなら、プレアデスの魂は、地球にやってきて長い時間が経過するうちに12にはまってしまい、停滞した。それを揺り起こす力は13の大元であるアルクトゥルスにあるので、アルクトゥルスが助けに来ないと元プレアデス人たちは閉じ込められたままになる。つまり、アルクトゥルスは溶解剤のようなものだと考えてもいい。

*プラトン月
地球の歳差運動の1サイクルにほぼ等しいおよそ2万6000年をプラトン年と呼び、それを12分割した2200年の期間をプラトン月と呼ぶ。ちなみにプラトン日は72年。

*アモラ・クァン・イン
アメリカの透視能力を持つチャネラーで、ドルフィンスターテンプル®・ミステリースクールの創始者。著書に『プレアデスタントラワークブック』『プレアデス　神聖な流れに還る』（ともに弊社刊）などがある。

アルクトゥルスとプレアデス、あるいはアルシオン、そして地球のラインに、13の数字を表す道があるということになるのだ。

プレアデス

プレアデスは、七つの階層があるように、階級社会であり、下の労働者階級には植民地から連れてこられたグループもある。つまりプレアデス出身ではないのだ。地球人のDNAは、プレアデスのものをそのままコピーして作ったと言われており、コピーした後に、12のDNAのうち10本を切って、さらに多数の混血を行った。これは急速に進化しないように、もっぱら労働者として生きるように設計したという話がある。混血すると先祖の記憶は思い出せなくなる。

もし、プレアデス労働者が自分の記憶を思い出すと、自分たちがされたのと同じことをするということになり、やがて地上でAIが発達し、さまざまな労働はロボットが代行するようになる。エドゥアルト・マイヤーがコンタクトしていたセムジャーゼは、プレアデス人は働かないと言っていた。ほとんどをロボットがするからだ。時々プレアデス人は監督をする。今日の労働者が安い賃金で働くというシステムは、スタイルそのものはプレアデス的なところから来ているのかもしれない。

都市を作り、経済システムを作り、穀物栽培をし、やがて休みなく食べなくてはならなくなり、そのぶん稼がないといけない。しかし未来にはロボットが作られる。その結果、失業者はずっと増えるかもしれない。これらは現代社会そのものの方向性でもあるので、このような地球社会はプレアデス・システムの暗い未来を表しているのかもしれない。プレアデスの暗い未来というと、スピリチュアル系の人たちはびっくりするだろうが。

精神宇宙探索でさまざまな恒星に行くという行為にさらに本格的に深入りすると、すでに書いた星雲界カルマのようなものも少しずつ出てきて、それに引き込まれることにもなる。それに徐々に直面できるようになったなら、逆にそれが本格的に接近したのだという証しともなる。

この場合、プレアデス以外のルーツを持つ人が多数出てくる。彼らはプレアデス植民地とも言える太陽系、地球世界を覗くために来たのだが、目覚めてくるにつれて、プレアデス・システムには従わない姿勢を打ち出し始める。星雲界は、太陽系の中では破壊されえないのだ。つまりは迎合しなくなる。かつてオショー*（ラジニーシ）は、覚醒した時、自分が殺されるのではないかと思ったという。プレアデスに従属しているグループでないのならば、そう思うかもしれない。

「自分はオリオン戦争から逃げて地球に潜伏している。もし自分が目覚めると、すぐに相手に見つかるので、目覚めないように努力している」という話をしている人もいた。笑い話のようなものがたくさん出てくるが、それらを笑いとばしてはいけない。突き詰めると、それは何らかの真実に抵触している。ただし、それほど単純ではない。「プレアデス人は」と括ると、「中国人はみなこうだ」というのと同じでそれはあまりに単純すぎる。

*オショー
1931～1990年。インドの神秘思想家、バグワン・シュリ・ラジニーシのこと。今もインドのムンバイにはオショーの開設したアシュラム（道場・僧院）があり、世界中から多くの人が訪れる。

オリオンベルト

七つの法則を生み出したのがプレアデスの七つ星だとして、創造の3法則はどこが作り出したのかというと、これはオリオンの三つ星だ。銀河ツアーでは、ケンタウルス、シリウスと行った後で、プレアデスになり、次にオリオンになるが、これらの組み合わせはランダムでもいいかもしれないと思うこともある。しかしまだ参加者に試したことはない。

銀河の創造の炉はオリオン三つ星であるということで、ギザの大ピラミッドはその形を模して配置されている。江ノ島の三つの神社（奥津宮、中津宮、辺津宮）も同じだが、日本ではこのオリオン三つ星は、三人の弁財天か、あるいは住吉三神に対応する。

ミンタカは、より高次なものを引き込んでくる扉。より高次なものとは、先行する等級宇宙ということだが、前の等級におけるＨ６は、この世界においてはＨ１になる。つまりこの宇宙においての絶対の無というのは、前の等級宇宙においては「子」であるということなのだ。

Ｊ・Ｊ・ハータックがマカバで旅をし、サイフでメタトロンに会ったというのはミンタカのはずだという指摘からすると、まずメタトロンはＨ６意識で、そのメタトロンだけが会うことの許される神というのはＨ１のことだ。だが、このＨ１はこの宇宙においては無であり、理屈として、無は結晶化できない。それは結晶化できない無限と対応している。ところが、先行する等級宇宙においては、それはH6なので、神あるいは無は、先行する等級宇宙との関係において自身を維持できるということだ。どの宇宙においても、その中心的なものは、その宇宙の内部においては無だ。太陽系の中では太陽は絶対の無だ。そしてそれを維持するには、星雲界との関係が重要になるということも同じである。

アルニラム*は、大なるものを小さなものに持ち込んだり、主客を逆転させたりする。つまりミンタカが持ち込んだものを転落させるのだ。出口王仁三郎*は自分はオリオンから来たと言っているが、それならば、特にこのアルニラムからではあるまいか。彼の反対のものを活用したりすることや、変性女子というような妙な言い方もそれを暗示する。出口王仁三郎の『霊界物語』では、月と太陽の位置が逆転しているようにも見える。

アルニタク*は、作り出したものに確実性を与える。アルニラムが加工したものを定着させるのだ。アルニタクは、太陽神のラーに関係しているというが、自分の光で満たし、異物をすべて取り除くことをする。身体で言

*アルニラム
オリオン座ε（エプシロン）星のことで、三つ星（オリオン・ベルト）の中央に位置する。

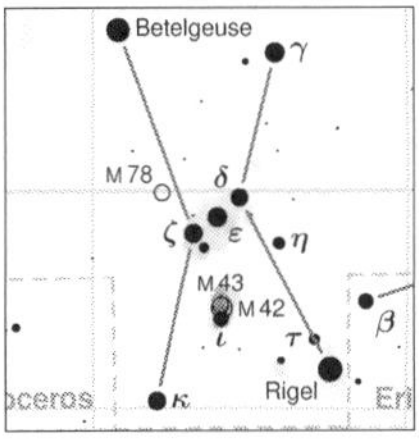

*出口王仁三郎
1871～1948年。出口ナオを教祖として大本教を組織した宗教家。

えば、身体によくない雑菌は排除するというようなことだ。以前、ヘミシンクで三人の弁財天と毎日交流していた時のことだが、わたしがどこかよそに行こうとすると、三人のうちの一人がわたしの前に来て、「わたしたちはすべて持っている。わたしたちがすべてだ。だから、どこにも行く必要などない」と言った。これはアルニタク的な発言だ。太陽神ラーとイスラムのアラーは似ていると言われているが、発音が似ているので、これは日本人だけの勘違いだとも言われる。しかし、唯一神という点では同じではあるまいか。

　創造の3法則と七つの法則を重ね合わせて描いているのがエニアグラムだ。つまり創造とは、プレアデス・オリオン・システムということになる。日本の神話では、プレアデスを示すアマテラスにはスサノオとの子どもがいて、8人のうち3人の女の子がオリオンベルトの三女神だ。エニアグラムならば、七つの法則を描く9つのポイントのうち、三つのポイントが三女神だ。オリオン意識はプレアデスよりも古いと思われるので、その点では、3人の女の子の後にアマテラスが生まれたというふうにも考えられる。

＊アルニタク
オリオン座ζ（ゼータ）星のことで、オリオン座の三つ星（オリオン・ベルト）を形成する恒星の一つで、左端に位置している。

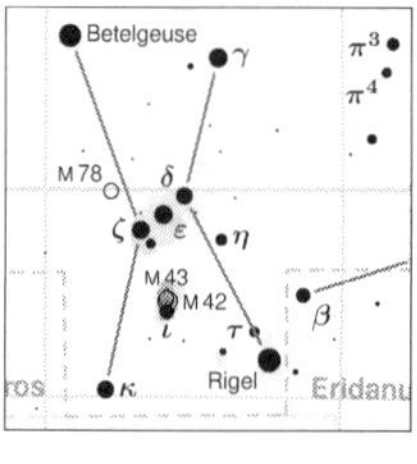

いつの頃か忘れたが、わたしはラーに同調したことがある。砂漠の地で、非常に多くの人がわたしに向かって礼拝していた。太陽神は、例外的な異物を一つ残らず淘汰しなくてはならない。そうでなければ、このファミリー、社会は形成できない。太陽は心臓に対応しているが、異物が入るというのは外界から何かが持ち込まれたのだ。この外部的な異物は、冥王星から持ち込まれる。冥王星は太陽に従わない、いわば裏切り者なのだ。

創造の3の法則を表すオリオンの三つ星と、秩序ある時間システムを作り出すプレアデスの七つ星の共同作業で、太陽系システムは優れた秩序あるシステムになっている。だが、この法則は地球においてだけは打ち破られ、破綻する。これは冥王星の仕業ではない。月が一つしかないので、七つの法則が地球に安定して降り注がないのだ。つまり、地球は無法地帯なので、いろんな星系の種族がここで実験をしようとする。いわば、立ち入り禁止の閉鎖実験場と考えるといい。妙な言い方だが、テレパシーなどで察知されない要素があるので、複雑な陰謀のようなこともしやすい。ここ以外では、想念そのものが察知されてしまうので、実験ができないのだ。

星雲界身体には輪廻がない

大きなコスモスへの進展は、小さなコスモスへの進展と同時進行にしなくてはならない。知識として外面的に理解するのではなく、この大きなコスモスに入ることで、同じく小さなコスモスにも意識を浸透させるということだ。マクロな領域では、地球、太陽系、星雲系へと拡大をする。一方、ミクロな領域に目を転じると、太陽系は原子に似ている。正確に言えばモデルとして違いはあるが、大ざっぱには似ている。太陽系よりもマクロな星雲界は、ミクロでは原子よりさらに小さな粒子に対応する。ここでは極大と極小が連動すると、「蛇が尻尾を噛む」という成果が得られる。

法則として、上位の意識はそれより下位に対して支配力を持っている。これはたとえば、七つの色を統合化した領域に行くと、その後はどの色にも降りることができるということだ。しかし、ひとたび下位に降りてからは、赤が青に変身したりはできない。

星雲界は、太陽系モデルに対して自由であると考えてみよう。すると、対応するミクロ領域では、原子よりも小さな素粒子、自由電子、クォークなどは、原子を作り変えたりすることができるので、この原子のもつルールから自由であると言える。

星雲界ボディの存在は世界内存在ではないので、輪廻がない。輪廻とは太陽系システムだ。それはミクロな世界では、原子のルールであり、陰陽の均衡で作られ、動きが循環しているシステムだ。循環する時間があり、この時間の流れがあるからこそ、１枚のＣＤに収録された曲を一つずつ聞くようにして、前世と次の生などが成立する。ところが恒星はこの時間の流れに対して自由なので、ケーキを複数に割ったピースとしての前世を一つずつ体験するということをしない。あるいは動きがランダムで、途中で空白があったり、三つ分を一緒に体験したりする。

そのため、星雲界に所属する（食べられている）存在には前世リーディングが有効性を持たない。前世という概念そのものが成立しないのだ。太陽系は横のつながり、法灯明の性質を持つ物質で動いている。その横のつながりがシリアルな流れを作り出し、占星術などはまさにこの原理で考えていく体系なのだが、このつながり性を持たない星雲界ボディには前世からの連鎖という概念がない。だが、型共鳴によって、同時に複数の時代に共鳴の型を見つけ出すと、それは仮の前世イメージを作りだす。いつの時代にも自分と似たような存在がいた、という認識だ。同じ型でも、違う地域、違う時代、違う食べ物を取り込むと、結果として表現には違いが出てくる。しかし星雲界ボディは、この小さな違いというものをさほど重視しない。むしろまったく重視していないと言ってよい。小麦粉のかわりにトウモロコシでパンを作った、この違いを見てくださいと言われても視野に入らない。彼はパンという共通面だけ見ているのだ。

世界内存在と世界外存在の感じ方、ものの見方がかなり違うので、世界の中に住んでいる時の楽しみ方に差異があるのは当然だが、基本的な星雲界存在は、時間の違い、空間の違いをあまり評価しない。前世はたとえ話なのだと考えるようになる。縦割りは、横のシリアルな流れがなくてもそれぞれを十分に成り立たせるので、それで十分なのだ。人間は個としてのアイデンティティを軸に考える。そのため、この個としてここにいる自分が続くことを前世や転生と見なす。型共鳴は、似たタイプであるならばそれは同じだと見なすので、個が重心になっているわけではない。

ところが、アントロポスは、一度世界の中に入るとこの世界の幻想に浸されるので、そこから脱出するための模索を始めることになる。これは「いかにしてこの世界で調和的に生きるか」という方向には行かず、「いかにして抜け出すか。あるいは自由になるか」ということに力を使う。

脱出を模索するこの過程で、派生物としていろんなメソッドを生み出すことになる。そもそも恒星意識、すなわち高次思考センターは〝作り出す力〟であるので、常に体系を作り出す。感受だけで終わるということはあり得ないので、高次思考センターが目覚めた人は、必ず体系を作り出してしまうのだ。古いものを使った時にでも、そのまま使っているつもりで新しいものに変えてしまう。

これを能力や資質という問題で考えてはならない。常に作り出さないと、時間・空間に分割された世界に飲み込まれてしまうのだ。つまり、沈まないように泳ぎ続けるという行為が、この〝作り出す〟ことなのだ。高次思考センターは、あくまで思考の力であり、考え出すのである。

高次思考センターを育成するために、グルジェフは、グループが参加するワークを設計するという作業を生徒に要求したが、それができた人をわたしは知らない。彼らは従うだけで、何も生み出せない。沈まないように泳ぐということに休憩はないのだが、しだいに、毎日食事をするように生産する行為を続けるようになるのだ。

マクロとミクロ

太陽系の外の星雲界へ進むというのは、ミクロな領域では原子からさらに小さな物質へという推移に相当するのだが、これは最終的に原子モデルを脱出することを含む。太陽系に従わないのならば、その人は、原子というのは存在しない架空のものだと考えるかもしれない。実際にあるとしても、それを打破できると考えてしまうのだ。そもそも原子の形など、時代によってどんどん変わってしまう。

この原子について考えてみると、基本は陰陽二分割によって陰と陽の要

▼原子は原子核と電子からなり、原子核は陽子と中性子からなる。また陽子は2個のアップクォークと1個のダウンクォークからなる。

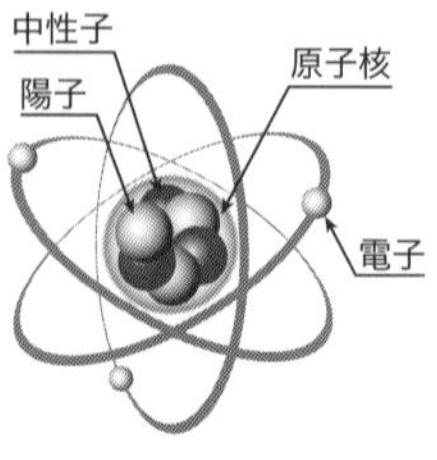

素が互いを規制するというものだ。一つのものを二分割して、さらにこの一方を自分とみなすことで、場の中に縛られることになる。確かに自由ではないが、そもそも「関係性」というのは、自由でないことを意味している。

原子よりも小さな物質ということを考えた時、科学的な情報は役に立つに違いない。しかし科学情報を丸ごと使おうとすると、応用がきかなくなることもある。だから参考にするという程度がいい。つまりここで書いていることは、科学的に精密でもないし、エビデンスもない話である。

原子では原子核の中に陽子と中性子があり、外側に電子がある。これらは引き合う。しかしこのルールに従っていないものが、原子の周りを回らない自由電子だ。これは物理学者のリチャード・P・ファインマンの言うように、過去から未来へ、あるいは未来から過去へと自由に動き回る。また陽子や中性子はクォーク*が三つ集まって作られていると言われている。わたしはこれをオリオン三つ星に対応していると考えていた。いまのところ、素粒子としてはレプトン*とクォークが最小単位だと考えられている。そして結局、最終的には粒子は存在せず、波動のみが残るということにな

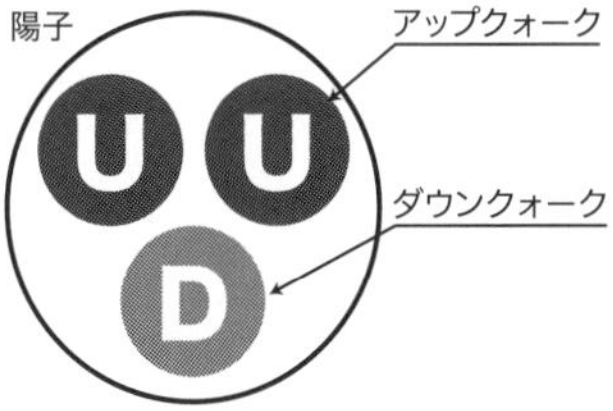

＊クォーク
物質の最小構成単位である素粒子の仲間。6種類のクォークが存在する。

＊レプトン
クォークと同じ素粒子の仲間で、電子、ミュー粒子、タウ粒子、ニュートリノがレプトンのカテゴリーに入る。

る。太陽系は始めに陰陽、すなわち天と地があり、惑星が回転することでそれが生まれ、そこに七つの法則が打ち立てられた。七つの惑星がそれぞれの速度で回転するイメージである。

意識が太陽系の外の星雲界に届く時、同時に下に向かって原子よりも小さいものに浸透するので、それは身体組成を変えてしまうことにも通じる。想像してみてほしいが、クォークやレプトンや自由電子と自分の意識の働きが同調した時、原子の中にある陽子、中性子、周辺の電子などに対して働きかけができるということになるし、原子が持つ約束ごと、つまり陰陽で引き合って成立するという条件が無化されることもありうるということなのだ。

ジョークのようだが、ファインマンは素行が悪く（言葉遣いが汚く、〝女遊び〟に目が無かった）、これはファインマンが自由電子を扱っていたことと共鳴している。自由電子は陰陽因果律に従っておらず、過去から未来へ流れる時間のルールさえ守らない。ちょうど、表現主義音楽の時代に、調性を失った作曲家たちの私生活が乱れていたのと似ている。七つの音の秩序を失ったのだ。

彼らは世界の秩序ある暮らし方、陰陽因果律からこぼれ落ちてしまった〝自由電子生活〟をしていたわけだが、理屈として、素粒子に進展した意識を持つ人は、太陽系=原子モデルのあらゆる条件を乗り越えるか、多少軽視するはずである。精神的にも、物質的にも。それがなかなかできないのは、思考の形態が原子を作り出したように、思考の鋳型が世界を安定させているからだ。物質など存在しない。あるのは思考だけで、世界の見方が残るだけだ、と考えてもいいが、いずれにしても星雲界に行くのならば、このあたりの構造をとことん突き詰める必要があるだろう。より大きなコスモスに進展するものは、同時進行でより小さなコスモスに進展する。これは鉄則中の鉄則なのだから。

たとえば社会の中で、わたしたちは対人関係の上でいろんな枠にはめられて生きている。この枠にはまっているのは自分のせいで、誰のせいでもない。陰陽が分割され、この一方に同一化し、そのことでこの関係性と因果律から自由になれないのだから。自分の腕を自分の身体から引き抜こうとしてあがいているようなものだ。

ヒンドゥでは、もっとも微細な物質はブラフマンであると言われている。この世界のすべての障壁を突き抜けて広がっていく粒子あるいは波動のことだ。これは極大に、そして極小に拡大してゆき、この尻尾を噛む蛇に自分を丸ごと飲み込ませるのである。

科学はエーテル（界、あるいは体）というものを認めなかったが、空気の中にはエーテルが満たされているという考え方は間違っているわけではない。科学がエーテルを認めなかったのは、それが物質的に確認できなかったからだ。しかし、エーテルを物質的に確認できるならば、それはエーテルではない。エーテル体は物質ではないからだ。しかし限りなく物質に近い。ということは、物質の極小単位があり、そして物質として消失してしまう境界線の場所に、エーテル体があるということだ。

アーノルド・ミンデル*は素粒子と意識は連動していると主張していて、ここから物理学的精神世界、あるいは物理学的心理学を展開したのだが、物質とは言えなくなってくるギリギリの微細な素粒子はエーテル体と置き

*アーノルド・ミンデル
アメリカのMITで物理学を学んだ後、留学中のスイスのチューリッヒで当時のユング研究所所長と偶然に知り合う。それがきっかけでユング研究所で分析心理学を学び、ユング派分析家となる。プロセス指向心理学の創始者。

換えてもいいかもしれない。エーテル体は、物質ではなくなったところからスタートする。だから光でも磁気でもない。質量も持たない。グルジェフ水素式に言えば、科学がそれを追跡できなくなるH96段階だ。エーテル体はより上位の次元につながるが、物質界のほうは孤立していて、エーテル体の助けなしには上位の次元にはつながらない。

クォークなどに働きかけるということがエーテル体に働きかけるということだと考えてみよう。また、エーテル体要素に働きかけない行為ならばすべて、根底まで影響は及ばないのだと考えよう。根底まで及ばないということは、太陽系システムのルール、つまり陰陽があって七つがあるというところから自由になれないので、その人は何一つ為すことはできないということだ。その人は流れて生きるだけなのだ。つまり神の子羊として順応的に生きるのである。

chapter 5

アンタレス、アンドロメダ、北極星

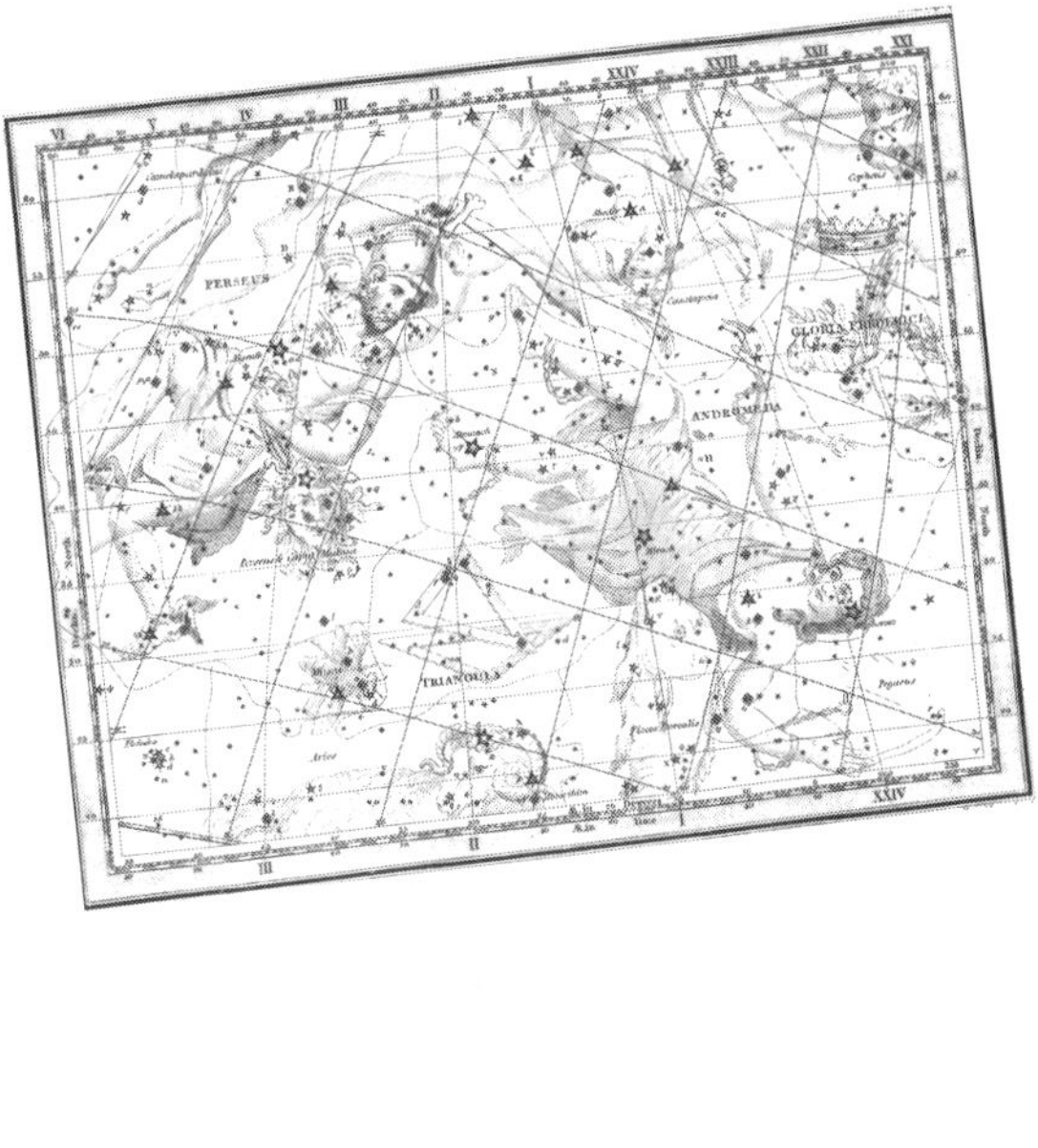

蠍の心臓、アンタレス

この項を執筆している日の数日前に（２０１６年8月25日前後）、火星と土星が射手座の10度前後で重なった。この場合、土星はしばらくの間は海王星と90度なので、世の中を混乱させている元凶となり、政治家や芸能人のスキャンダルも果てしなく出てくるが、さらに火星がそこに乗るだけでなく、アンタレスもまた重なるということをネットで説明している人がいた。アンタレスはここ最近１００年ほどは射手座の10度あたりにあるのだ。その人の説明では、アンタレスは凶悪な星なので、この火星・土星に対して90度にある海王星の配置はますます不吉な意味を持つというような趣旨であった。

旧来の占星術では、多くの恒星が凶悪な意味を持っている。その理由はおそらく次のようなものだろう。地球は一方方向に回転する惑星であり、時間の一方的な流れによって存在は二極化されていく。この地球的な視点からすると、二極化が統合化された恒星の影響が持ち込まれた時には常に二極化の反対のものを浮き彫りにするので、二極化された存在からすると自分にとって都合の悪いものががクローズアップされる。善悪という二極化からすると、悪が現れてくるのだ。そこで、アンタレスに関しても、アンタレスの全体像でなく、その暗い面のみを見てしまうことになる。

二極化された存在は、影（シャドウ）になったものを受け取らなくては統合化できない。それは被害者に対して、加害者と仲よくなれと言っているようなものだ。こういうことから、占星術で扱う恒星の意味は、常に間違った内容で語られる。恒星は地上的な善悪を超越しているのである。そしてその上で、星雲界カルマが現れてきた時には、それは善悪の概念で理解することはできず、神話的ドラマであると考えなくてはならない。

アンタレスは、蠍の心臓と言われている。心臓というのは、太陽、センター、中枢的なものということを暗に示している。また、アンタレスは、日本の猿田彦*に結びつけられている。アマテラスのグループが天下った時に、それを伊勢に導いたのが猿田彦だと言われている。猿田彦は天のヤチマタ（八街）で、それは8方向に放射状に広がる交差路のようなもの

＊猿田彦
『古事記』『日本書紀』に登場する神。天孫降臨の時に、天照大神に遣わされたニニギノミコトを道案内したとされる。伊勢の猿田彦神社の祭神。

で、宇宙的な案内所だと考えてもいい。実際、それは案内をするのだ。そこに降りてきたのは、実際にはアメノウズメで、アマノウキフネを使って下降してきたのだが、これはプレアデスではなく、北斗七星に関係している。プレアデスと北斗七星は、歴史的にもたびたび混同されている。

猿田彦は、日本で行われた猿田彦をめぐるフォーラムで、西欧のメルクリウス*と同型の神格だと指摘された。というのも二つとも辻の神様で、すなわち境界線に彼らがいるからだ。境界線ということは、それは生と死の境界線でもあり、ここから、アンタレスは死と再生に関係すると言われている。わたしはシリウスは死と生の境界線をいじりまわすと言ったが、アンタレスはその設定された境界線を行き来すると考えるといいだろう。もし地球上でアンタレスが不吉な意味を持つとしたら、この死と再生が生ずるからだと考えてもよいかもしれない。ずっと同じことを続けることがよいことならば、それは不吉ではないか。

アンタレスはさまざまな宇宙系の道案内をするが、この宇宙の外部といった異次元にも接続する。とりわけアンタレスは、アンドロメダ銀河に

*メルクリウス
ローマ神話の商人の神で、旅人の守護神でもあった。

接続する特別回線を持っている。アンドロメダ銀河に行くには、アンタレスを経由しなくてはならない。そうでないと、おそらく座礁する。亜空間に閉じ込められた異次元存在がいて、ヘルメスはそれを連れ帰ったとエメラルド・タブレット*に書いてあるが、境界の神がメルクリウス、ヘルメスならば、ヘルメスはアンタレス意識で、連れ帰ってきたのは、アンドロメダ銀河からこの銀河に来ようとしている存在だということになる。

結局、先行する等級宇宙に行くには、アルクトゥルス、アンタレス、ミンタカなどが扉として機能するが、この中でアンタレスは公式案内所のようなイメージがある。つまり、宇宙の中央交差点とみなすといいのだ。

アンタレス・マトリクス

生命の樹は、胸であるティファレトに8つのパスを持っている。このパスは、マルクト以外のすべてのセフィロトをつないでいる。放射状にすべてに広がっているという意味だ。ティファレトは心臓に等しい。そして、蠍の心臓であるアンタレスを、これと関連づけてもいいと考えられる。た

*エメラルド・タブレット　ヘルメスがエメラルドの板に刻んで残した錬金術の奥義で、ギザの大ピラミッドの内部から発見されたと言い伝えられる。存在するのは写本のみ。

だし、アンタレスは宇宙においてのヤチマタであり、生命の樹は、そもそも人体にも、どの次元にも応用できるものなので、宇宙のティファレトと想定するならば、これはアンタレス・マトリクスを表しているのだと見なしてもいい。

生命の樹はより上位の次元と重なりあっている。そしてある次元の胸は、下位の次元においての頭に重なる。頭と心（胸）は通信しあっているが、実は階層が違うところで重なっているのだ。ティファレトの8方向へのパスは、そのまま松果腺を中心にした8方向アームを作り出す。重なっているのだから、同じ構造があってもいいはずだ。ただし、胸では横方向に広がるが、頭では、横から見て前後に8方向に広がる。

アンタレス・マトリクスは、8つの宇宙につながるショートカットで、ロバート・モンローのいう3Dダークネスのポイントだが、この8つの宇宙は、どこそこの恒星と言ってもいいし、抽象的な原理として考えてもいい。そもそも恒星とは高次思考センターの振動密度を表し、これは原理そのものなのだ。わたしたちは原理という時に、数理的で抽象的な独自の概念というものを思い浮かべる。しかし、厳密には抽象的なものなどない。つまり、高次な領域においての恒星意識などは、プレアデスが7、オリオンベルトが3というように、原理そのものなのだ。

松果腺は、種々の範囲のコスモスに同調するアンテナだ。下垂体と結びつくことで地球上に同調しているが、一度松果腺を引きこもらせ、あらためて違う宇宙に接続すると、アンタレス・マトリクスと共鳴して機能するようになる。

高次思考センターは頭にあるが、松果腺の高次な機能は、歳差サイクル（2万6000年周期）に同調するか、あるいはそれ以上のサイクルに同調する。高次感情センターは腰にあり、これはプラトン月（2200年）ほどのサイクルに同調する。

胸においての8方向は、心臓の血流にも関係し、身体の全体的な統合化をはかるもので、これはH24で動作しているが、生命の樹の全体の枠組の支え、柱となっているのは言うまでもない。以前、わたしはリコネクティヴ・ヒーリングを受けたことがあるが、その時、上空で赤い星が点滅した。

その時はあまり気にかけなかったが、均等化、生命の樹と同じ意味を持つ身体のアクシオトーナル・ラインの調整というのは、赤い星アンタレスが受け持っているのだというのは間違いないだろう。そしてプレアデスの7法則はそこを流れる動的な運動であり、アンタレスは8方向の枠組みのバランスをとろうとするのだ。8は7を閉じ込めることもできれば、圧縮したり進展させたりもできるのである。

天上のアンタレスに接触した時、アンタレスはわたしに血を捧げるように言った。つまり頭脳的にでなく、存在の根底から、このアンタレスに託すようにと言ったのだ。これで頭の8方向マトリクスは、より上位の胸の、心臓の、血液中枢の、つまり自我の作用と連動することになる。実際これをしないと、わたしが連合から依頼された宇宙案内所の役割を果たすことができない。

タロットパスワークを活用する

松果腺の8方向アームは、実際の恒星と結びつけてもいいし、幾何図形的な構造だと見なしてもいいのだが、これを刺激する具体的なメソッドはない。そもそも高次思考センターの結晶を育成するメソッドなどあるわけがないではないか。高次思考センターは純粋な主体者だ。主体者を育成する受動的手段があるとしたら、それはとても矛盾した話だ。反対に言えば、いろんな方法で好きに刺激すればいいということでもある。思いつきでする。たとえば、まずはアンタレスに行き、そこで、血を捧げるというのがいいだろう。

空気の中にはより高次な物質が含まれている。これをプラナと言ってもいい。そのため、呼吸法を併用して吸ったり吐いたりしながら、この8つのアーム、つまり4本の筒を煙突掃除するというイメージで取り組んでもいいかもしれない。前後に伸びる筒、その前方にあるスクリーンに映像を映す。また、この前後の筒では、息を吸った時に前から後ろにプラナが通り、吐いた時に後ろから前にプラナが通ると考えるといい。

こうした訓練は予備的なもので、すでに書いたように、高次思考センターのジャングルジムを組み立てるには、アンタレスに行き来するのが理想的だ。

　タロットのパスワークを活用することもできる。タロットのパスワークはすべてのメソッドに通じていくものがあるので、すべてをこれだけで行うという人がいてもいい。

　真上に向かって、［2・女教皇］。真下に向かって、［14・節制］。斜め上には、［4・皇帝］のカード。斜め後ろには、［15・悪魔］。斜め前方下向きには、［13・死神］。斜め後方上向きには、［6・恋人］のカードというふうに配置して、それぞれの筒を掃除・開発・貫通させるためにパスワークをするとよいのではないだろうか。肉体においての頭は、エーテル体においての胸と重なっているのだ。

　また真横は、前方が［9・隠者］のカードで、後方が［8・正義］のカードになる。［9・隠者］のカードは、視線のフォーカスをぼかすことで、意図が映像を拾ってくる。［8・正義］のカードは、視線を集中することで特定世界に

フォーカスする。わたしたちは日常では、この視線を集中することで周辺視野を意識から追い出している。そして目前の小さな世界に住んでいる。したがって、横の筒は隠者・正義にするか、正義・隠者にするかで、正反対の使い方になる。

　ちなみに、この本を書いている時は、わたしは常に頭のてっぺんを強く刺激されるのを感じる。以前のわたしなら貧血などいろいろ具合が悪くなっていたと思うが、今は特に何もない。ぴりぴりと刺激されるのは、土管の中をいつもより勢いよくエネルギーが流れているということだ。実は休みなく、こんな感じであるのがいい。そのほうが気分がいい。それならば、テレビの連続ドラマなどを見たりしないで、日常の生活で常に星雲界のことを考え続け、思い続けるのがいい。

　松果腺は本来、地平線より上しか見えない。地上のこまごまとしたものに目を向けさせるには、石灰化させるしか

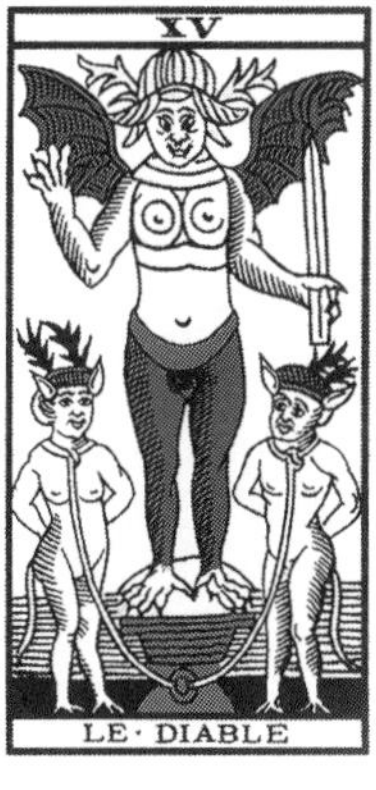

ない。本来のケイ素が多くなると、地上のことはよくわからなくなる。松果腺から前方かつ下の方向は、タロットカードのパスでは［13・死神］だ。あるいは頭が右に向いた時、すなわち形象化の目的を持った人間になった時には、この前方かつ下に向かうコースは［15・悪魔］のカードになる。そして自己を分割し、太陽の矢の一本を、つまりシルバーコードを何か外界の対象に結びつけ、やがてはその対象に拘束される。［13・死神］はその反対で、地上との絆を次々と鎌で断ち切り、地上を粛清しようとする。つまりミニマリズムや断捨離みたいなものだ。

頭の中に新組織を作り出す必要があるのは、アンタレス・マトリクスと、水晶の柱としての六角柱だが、これを構築するのはエーテル体ボディの改造に等しいので、もちろん時間はかかる。黒曜石や黒鏡、水晶を見る練習は、これに貢献する。

シャンバラの目

アンタレス・マトリクスの8方向のアームを生命の樹のパスに対応させると、右向きと左向きがあるのがわかる。右向きは、明らかに地上方向に引きずり込まれる流れだ。『ヤッさん』というテレビドラマがあるが、弟子が上昇志向的なことを何か言うたび、ヤッさんに額をぱーんと叩かれる。これは右向きで、前方上に［6・恋人］のカードがあり、ビナー母が外に逃がさないように働くということだ。上昇方向なのに、額を叩かれる。そして、前方下に向くと、ぐいぐい地上に野心的に働きかけろということになる。つまり［15・悪魔］のカードだ。

開かれた性質は、すべて身体の後ろ側にある。前を向くと、すべては限定方向に走る。「人生前向き」とは前を向いて開かれた方向に行くということだが、しかし、このマトリクスでは、前ではなく左を向く以外にありえない。だが、この場合、ディセンションラインの前方下は［13・死神］のカードになるので、生めよ増やせよということにならず、地上に降りる時には粛清者になっている。永遠にどこにも開放されない右向きマトリクス。そして開放されるが、地上的でない左向きマトリクス。

松果腺を中心にしたアンタレス・マトリクスの開拓は、結局、脳の位置のエーテル体を改造することになるので、今までのままとはいかず、体調に異変を起こす。

このあたりで変化した人かどうかは、その人の目に現れると、わたしは以前から感じている。目というのは、どういうものに反応しているのかわかるわけで、松果腺が機能すると、日常的なこまごまとしたこと、それにまつわる感情に反応しなくなる。それが目に現れるのだ。それをわたしは「シャンバラの目」と言う。何かガラスのような目になっていくのだ。

閉じ込められるアンドロメダ

２０１６年8月31日のブログに、以下のようなことを書いた。

《北海道で、8月21日に、精神宇宙探索講座をしました。で、その日は、アンドロメダがあって、みんなにアンドロメダに行ってもらったけど、苦しそうな人がいて、ここはいやだと叫んでいました。みんなが探索している時に、わたしは久しぶりに黒曜石を見ていて、沖縄の美しい景色を見ていたのです。みんながまじめに探索している時に、一人だけテレビを見ている気分だった。疑問だったのは、いまなぜ沖縄なの？　ということでしたが。

その夜に、東京に戻ったら、知り合いのライターの人からメールが来ていました。その人が沖縄に移住したのは初めて知った。用件は、わたしがシナプスサロンで精神宇宙探索をするということで、彼の妻が参加したい。どうなんでしょうか、という問い合わせでした。この妻は引きこもり傾向があります。で、わたしは、シナプスサロンに参加すると、もっと頭がおかしくなるかもしれない、と返事しました。おそらく、この世に適応するには、わたしのサロンはわりに有害な感じがします》

アンドロメダ座とアンドロメダ銀河は混同されがちだが、アンドロメダ銀河のほうから来たスターシードは地球社会では適応できず、引きこもりになったり、妙な神経症にかかったりすることが多いように思う。銀河の水に合ってないのだ。宇宙連合に属している人で地球に来た人たちも、わりに壊れやすい。完成された訓練を受けているのにどうして壊れるのかということは、前々から疑問だった。

この宇宙連合の側は、アンドロメダ座から来ている存在が多い。適応障害になりやすいのは、アンドロメダ銀河から来ているほうだ。アンドロメダ銀河でも、アンドメロダ座でも、何かしら被害を受けやすいという点ではどこか共通している。

沖縄はアンドロメダに親和性の高い土地ではないかとわたしは思っている。北海道の人たちが、アンドロメダは嫌だとジタバタしているのは、沖縄と反対だからというわけでもないだろう。むしろ、北海道の人たちは、アンドロメダ族が蒙った被害を目の当たりにしたからではあるまいか。沖縄にはアンドロメダという花があるそうで、石垣島と恩納村で作られるそうだ。沖縄が受けている不当な扱いも、なんとなくアンドロメダが受けたものを思い起こさせる。

ギリシャ神話では、アンドロメダ姫は鎖につながれて海獣の生贄にされようとする。そこを通りすがりのペルセウスに助けられるのだが、多くの画家がこれをモチーフに絵を描いていたし、横尾忠則はこのテーマで連作『龍の器』シリーズを制作したりもしている。つまりこの神話には何か心

▲フランドルの画家ルーベンス（1577～1640年）が描いたアンドロメダ姫。フランドル地方とは現在のベルギー西部、フランス北部、オランダ南西部のあたり。

惹かれるものがあるということだ。それは多くの人の心の中にアンドロメダ姫がいるということであり、忘れてしまわないということは、まだひっかかるものがあるということなのだ。

アンドロメダ姫は神々よりも美しいと母親カッシオペイアが言ったために、神々の怒りを買って生け贄にされそうになったのだが、この場合、美しいというのは法則的均衡が完全であるということを意味しているのだろう。そもそも美人だとか美しいというのは時代によって変わるので、いわば流行にすぎない。そんな時代を超越した美というのは、法則的完全性ということだ。自然的な美があるとは思えない。どんなものも作られたものだ。わたしはよく主観芸術と客観芸術を比較に出すが、長期継続するものを客観芸術と言うが、これとても人工的なものだ。

そして海獣とはその美の対極にあるもので、アンドロメダの均衡が崩れてしまうか、それとも海獣にこの均衡が伝染するしかない。そして、これまで及ばなかった領域にアンドロメダの美が伝わる。

生贄というのは、常に二つの世界をつなぐ役割をする。日本では、たとえば姫路城を作る時の生贄は、自然界と人の世界の間をとり持つ役割ということを期待されていたという。

このことから、アンドロメダは、海獣世界と別の世界をつなぐための人柱になったのだと思われる。最後はペルセウスが助けるということになるのだが、時間の流れでそういう結末をつけるのは二極化された世界観での常套的なスタイルだとして、この話を分断し、それぞれのパートで止めてもいい。すると、アンドロメダは今でもまだ捕まっていて海獣が近づいていると考えることもできる。

わたしはこのモチーフを絵画分析で頻繁に活用した。岩、海、海獣、アンドロメダ、ペルセウスの位置関係が、人によってかなり違うので興味深い。一番面白かったのは、ペルセウスを頭の禿げたおじさんの姿で描き、アンドロメダが「うるさい」と迷惑そうな顔をしている絵だった。鎖でつながれてもおらず、岩の上で何かしら忙しい。海獣を手なづけているような姿でもある。

アンドロメダ銀河の世界は、時空間の組み立て方が天の川銀河と違うので、一歩前進するとまったく風景が変わってしまう。そんな流動的で理解しがたいものがある。視点を変えれば、ここから来たエンティティはわたしたちの世界に混乱してしまい、どうやって過ごそうか困惑することになる。アンドロメダ銀河の存在は非物質ではないが、わたしたちのような意味で物質的なのでもない。このギャップを埋めるには、アンタレスの変換装置を使うということになる。

巨大な生命の樹として、太陽を中心にした黄緯、黄経を地図にしているが、この場合、アンドロメダは喉に対応する。喉チャクラというよりも、生命の樹での深淵、切れ目、アビスとしての隙間に対応させる。ここには難破船の残骸があり、危険地帯である。そしてこの深淵の上に旧支配者がいて、下側には今の時代のもとになる神々が存在する。カバラでは、この上の旧支配者はクロノス*などに関係づけられ、下のケセドにはギリシャ神話の神々が関係づけられる。

喉には危険な切れ目があるのだが、アンドロメダの違和感が解消されない限りは、この深淵が封じられることはない。アンドロメダから来たエン

*クロノス
ギリシャ神話の神。ウラノスとガイアの子で、ゼウスの父である。オリュンポスの神々と戦った。

ティティは幽閉された経験を持っている。暗い穴のすぐそばで、じっとしているという状態を経験している。たとえば、わたしが知っている人物は、17歳の時から20年もの間、夜眠るたびに暗い穴の近くに引き寄せられ、閉じ込められ、身動きが取れない生活をしたらしい。別に誰かが閉じ込めたわけでなく、なぜか身動きがとれないということなのだ。

ある時、その謎を本人の依頼で読もうとしたところ、まだ早いのでやめてほしいと〝管理者〟に止められたのである。

わたしの「沖縄とアンドロメダは縁があるのでは」という言及に、何人かの人は、沖縄は竜宮王国であって、アンドロメダとは関係ないではないかと思ったはずだ。しかしアンドロメダ姫は、海の世界との架け橋として岩に縛りつけられるのである。この場合、ペルセウスが助けると、このつなぎとしての役割は中断されたことになる。「つなぐ」とは両方に馴染む必要があり、半分がこの銀河、半分がアンドロメダのハイブリッドになる必要がある。アンドロメダは琉球に縁があるのでなく、アンドロメダが琉球に埋め込まれたのだ。

ガンジス川の水蛇

水の世界に沈没するというのは、ケンタウルスとも似ていると言える。水へビの毒にあたって死んだケンタウルスは、チャクラで言えば水のスワディスタナ・チャクラに沈没した、もともとは火のマニプラ・チャクラにいる存在だった。スワディスタナ・チャクラ、つまりガンジス川の中に水へビがいるのである。

生命の樹の切れ目は二つある。それは喉と腰だ。喉は外との切れ目。そして、腰、スワディスタナ・チャクラは、内部宇宙との裂け目だ。ケンタウルスで死んだ魂はそのまま小さな世界に、すなわち惑星界に生まれてくる。

太陽系あるいは地球から脱出する時に、一方的な時間に依存するという二極化を解消しなくてはならないが、それは主体と客体を一体化させることであり、これがヤコブの梯子の、南十字を通過した後に行くべきコースだった。ケンタウルス意識とは人と馬を一体化させ

*ケン・ウィルバー
アメリカの現代思想家で、トランスパーソナル心理学の発展に貢献した。現在はインテグラル思想を提唱する。

ることであり、頭でっかちの人間はそれによって統合化されると説明している。南十字が［21・世界］のカードの四大を表しているとしたら、真ん中の楕円の中で人物が統合化されるか、あるいは人と馬が一体化するプロセスのことを、ケンタウルスと考えてもいいかもしれない。

これに比較すると、喉のアビスの深淵は外宇宙につながっているのでサイズがはるかに大きく、難破船がたくさんあるというのは失敗例が数知れないということでもある。

アンドロメダ座がアンドロメダ銀河の存在と少し似ている点は高速だということだ。流動的で謎の法則性を持つアンドロメダ銀河と、高速すぎるアンドロメダ座のアルフェラッツ*は、どちらも捕まえにくいのだ。

そこで、最初のテーマに戻るが、アンドロメダ銀河からこの宇宙に来た存在は、方法がわからないまま幽閉される。アンドロメダ座の存在が高速移動しているとするならば、その移動を食い止められることは閉じ込められたことと同じように感じるはずだ。

*アルフェラッツ
アンドロメダ座のアンドロメダα星のこと。アルフェラッツという名称は、アラビア語で「馬」を意味するアル＝ファラスから来ている。左の星図で［Sirrah］とあるのがアルフェラッツ。

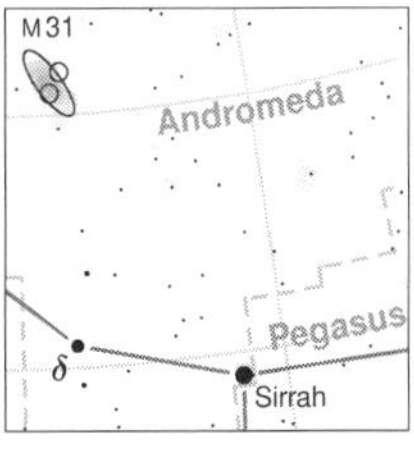

夢での体験で、わたしが悪夢と感じるパターンは一つしかない。それは閉じ込められるということだ。何か息苦しい狭い場所に閉じ込められる。何十回も、いや、何百回となくこの夢を見ているかもしれない。そしてわたしはいつも、その時にどうやって脱出するかを考える。夢の中で、たとえば、ここで大きな声を出して身体にショックを与えるのはどうだろうかと考える。あるいは壁に腕を打ち付けて、その痛みで目覚めるのはどうかと考える。たいていは脱出に成功するのだが、頭や感情は働くのに身体が動かないというのは岩に縛られたアンドロメダのようだ。

これとは少し違うが、トランス状態に入るとしばしば金縛りになる。エーテル体やアストラル体が身体を駆動することをやめて、他のことをし始め、その間、肉体は放置されるので肉体が動けなくなるのだ。スイッチを切られているわけだ。金縛りというと、その後に怖い体験をすると多くの人は思うかもしれないが、怖い体験はともかく、驚く体験はしやすい。

身体は重い物質をそのままぶら下げている。水H384、木H768、鉱物H1536、金属H3072。身体は地球とほぼ同じ種類の物質を持つ〝小型地球〟であり、ヒ素や毒物さえ持っている。それらを動かすエーテル体が他のことに専心すると、肉体は放置されて動かなくなる。岩に縛られたアンドロメダ姫は、おまけに金属の鎖までつけられている。わたしたちの肉体も岩や鎖を含んでいるが、比率が小さいので岩と鎖を引きずりながら歩ける。あるいは小さな鎖と宝石をぶら下げて歩いている人だっている。

もしこの銀河の生き方をあまり詳しく知らない存在がこの世界にやって来ると、この世界の肉体の動かし方がわからず、おまけに重すぎて、アンドロメダ姫のようになるのではあるまいか。そしてこの土の元素の上には、さらに水の元素をしめすスワディスタナ・チャクラ、つまりガンジス川があり、あるいは銀河ならばみずへび座があり、巨大な獣が住んでいる。アンドロメダ座でさえ高速移動するということは、重すぎる岩、金属の鎖は足かせになる。行動できないのは、岩・金属などの物質的な重さが過ぎることと、水の情念が食い止めることであり、さらに、集団感情というのは海獣などで描かれる。ウルトラマンが退治していた怪獣たちは、みなイド*の怪物たちだったのだ。

＊イドの怪物
もともとイドとはフロイトの精神分析の用語で、快楽原則に従う無意識領域のことを言う。つまり、「イドの怪物」とは潜在意識が生み出した怪物のことで、SF映画『禁断の惑星』のテーマとなって知られるようになった言葉だ。

2016年の8月末、大阪のホテルで寝ている最中に揺り起こされた時、ホテルの固い壁のせいで狭い空間に閉じ込められたかのように感じた。わたしを揺り起こした存在は身長が2メートル以上もあり、ドアのほうからやってきて、わたしの左に立っていた。その存在は「わたしたちはずっと前に走っていて、この走っているということが静止していることに違いないので、部屋から脱出する、あるいは移動するには、さらに高速で前進するしかないのだ」ということを説明していた。この推進力はアルフェラッツにある。そして、アルフェラッツにしても、アンドロメダにしても、水に弱い。水に濡れてしまうと、推進力がうまく発揮できなくなる。将来、わたしたちの銀河とアンドロメダ銀河は一体化するという説がある。つまり法則の食い違いがなくなるのだ。ということは、今、わたしたちの世界に来て閉じ込められている人たちは、先発隊ということになる。

わたしが初めてヘミシンクをした時、上空に銀色の服を着た人物がいて、わたしを見おろしていた。その後も何度かその人物は出現したが、キャラクターでいえば神経質で潔癖な感じだ。これは明らかに宇宙連合であって、演出上、そういう雰囲気の銀色の服を着て（実際にはそんな服は着ていないだろうが）、わかりやすい姿でやってきましたというところだ。セムジャーゼと同じである。セムジャーゼも、「本当はこんな姿ではないけど、地球人に恐れを与えないためにこんな格好しています」とエドゥアルト・マイヤーに説明している。

宇宙連合は、この銀河において古い世界であるアンドロメダ座と、プレアデスの比率がかなり高いらしい。彼らは、そもそもがドラコ族*と対立しているにもかかわらず、親がドラコ族である。2350年に、地球がドラコ族世界になることを警戒して、全員撤退という話をしているらしいが、神経質で潔癖なアンドロメダ座出身のJは、わたしがドラコ族に近づくのがあまり好きではないらしい。わたしは両方に関わっているわけだし、ドラコ族が別に悪いというふうにも思えない。

いくつかの北極星

地球の北極からの延長線上に北極星がある。太陽を軸にした座標（黄

*ドラコ族
レプタリアン系の存在。ドラコ座（りゅう座）からやってきたと言われる。

緯）で、N66度あたりにある恒星たちは、地球がすりこぎ運動をする歳差2万6000年の周期の間に、北極星として次々と入れ替わった。北極星は地球における頭の頂点ということで、地球を人に見立てればサハスララ・チャクラに対応するものとなる。

わたしのツアーでは、北極星だけはみな同じところに行かず、自分の北極星を見つけ出してほしいと説明する。5万8000年前はアルクトゥルス。琴座のベガはBC1万1500年。りゅう座αの*トゥバンはBC2800年。こぐま座βの*コカブはBC1100年。今の北極星であるこぐま座αのポラリスは、AD2100年にもっとも北極に接近する。*ケフェウス座γ星はAD4100年に北極星になる。7800年にはαの*アルデラミンに。さらにAD1万1600年に、はくちょう座デネブ、そしてベガに変わる。

人間は死ぬ時には、頭のてっぺんから魂が抜けていく。そして、北極星に同調する。つまり、地球は頭のてっぺんが北極星であるから、地球から人のグループが抜けていくときに、型共鳴によって北極星に向かうという

＊トゥバン
りゅう座（Draco）α星のこと。

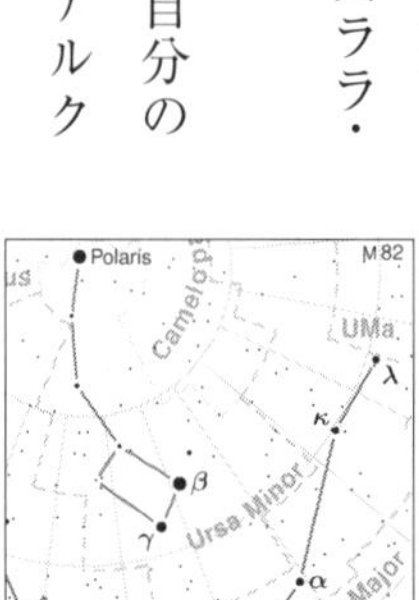

＊コカブ
こぐま座β星。こぐま座γ（ガンマ）星とともに、BC1500頃からAD500年頃にかけて北極星だった。

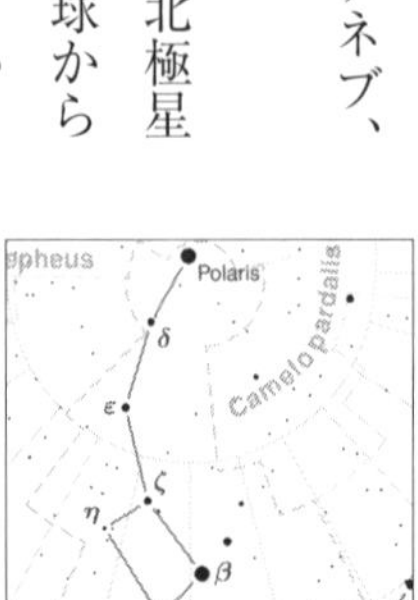

ことになるのである。

　さまざまな系列が地球に住んでいて、基本的には２２００年の7回サイクルを終えると出て行こうとするが、この時、入ってきた時の北極星の位置と、出ていくときの北極星の位置が違ってしまう。同じにするには、２２００年を12回まわり終えなくてはならない。だが、それをすると、硬直した5回を余計に体験することになるので、特性が落ちてしまう。

　この恒星類のことを書いているとわたしは頭のてっぺんが張りつめた感じになると先に記したが、これは松果腺を中心にした8方向のアンタレス・マトリクス（天のヤチマタ）の真上の方向に北極星があり、この北極星の影響がぐいぐい食い込んでくるからだ。結局、わたしたちは地球に住んでいるので、そうなるとアンタレス・マトリクスも、この方向性に影響を受けざるをえない。
　＊ドランヴァロ・メルキゼデクの本に、天の父と地の母を瞑想するというCDが添付されているが、これはアンタレス・マトリクスの真上と真下をつなぐ筒の両側を示している。となると、北極星を探すと同時に南極星

＊ケフェウス座γ星
ケフェウス座γ（ガンマ）星は、AD３１００年頃から５１００年頃にかけて天の北極に接近する。

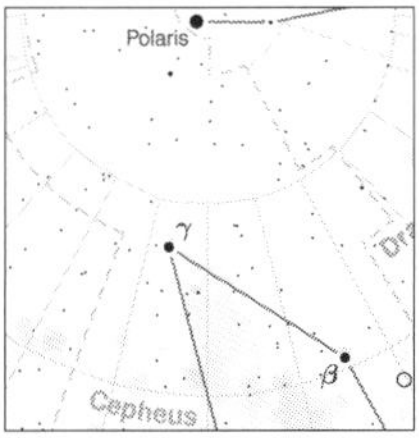

＊アルデラミン
ケフェウス座α星のこと。AD７５００年前後に天の北極に最接近して北極星になる。

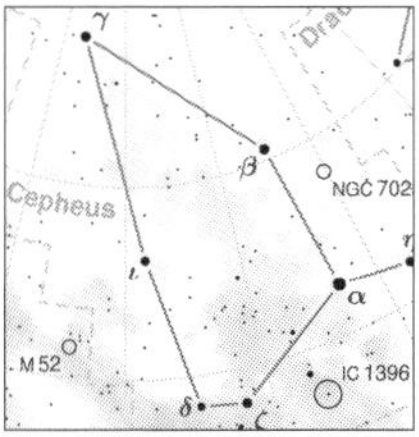

も探したほうがいいということになるが、その点、BC150年にはみずへび座βが南極星だったなどというのはとても興味深い。アンドロメダが一番嫌がるあれだ。

現代の北極星はポラリスである。秦の始皇帝は北極星であると言われていた、あるいはそれを目指していたと言われている。秦の始皇帝の時代には、ポラリスよりもコカブがより北極星に近かったが、北極星は支配者であるということである。民主主義の時代には、北極星を重視するというのはあまり見当たらないが、中国のような一党独裁は北極星的と言えるかもしれない。

わたしたちが自分が属する北極星を発見した時、それはある意味で支配原理となる。この北極星という座標は、太陽系の外に出てしまうと意味をなさないが、地球に住んでいる限りはそれが支配原理になってしまうのである。

リサ・ロイヤル*は、ヒューマノイド型の始まりは琴座リラにあると言う。同じ琴座のベガが北極星になっていたのがだいたい1万3000年前だと

＊ドランヴァロ・メルキゼデク
純粋意識と人間の可能性について研究を続ける神秘思想家。1970年代にカナダの山奥でガイドである二人の天使に導かれ、以来、多くの師に出会いながら独自の霊的探究の道を歩んだと語る。『フラワー・オブ・ライフ─古代神聖幾何学の秘密』（弊社刊）など多くの著書がある。

＊リサ・ロイヤル
アメリカの人気チャネラー。日本にも何度も訪れてセッションをしている。バシャールのチャネラーであるダリル・アンカとは友人だという。

すれば、この琴座ベガを北極星にする人は人間型ということになる。とはいえ、今の人の形というよりは、千手観音、あるいは虫のような形と見たほうがいい。

りゅう座αのトゥバンはドラコ族の本拠地で、これはレプタリアンなどの龍型だ。「財宝を守る龍」と言われ、手に入れたものをずっと守り続ける。水星をバイパスしてトゥバンがつながると、これは図書館員という意味を持つが、トゥバンが北極星だった時代のアレキサンドリア図書館の図書館員のようなものである。

この時代の図書館の機能には、アカシックデータとつながっているものがあり、今日では使い方がまったくわからない。エドガー・ケイシーは、アトランティスの図書館のデータは紛失されないように3ヵ所に分散して保管されたと言ったが、そのうちの一つはアレキサンドリア図書館、セラフィム神殿、スフィンクスの地下、そしてルクソールの方向などに分散保管されている（ケイシーはこのようには言っていなかったが）。ただし、アカシックデータなので物質として置かれているわけではない。エーテル領域に置かれているのである。わたしがある人から「自分のことをリーディングしてほしい」と言われて読もうとしたところ、肝心のところでストップをかけられたことがある。今はまだやめてほしいと言うのだ。このようにリーディングには許可が必要だ。これらの記録の守りは、トゥバンが本拠地である。グレート・セントラル・サン*にアカシック保管庫があるとも言われているが、しかしグレート・セントラル・サンは頻繁に移動する。

*グレート・セントラル・サン　宇宙の中心である特異な次元のこと。

ドラコ族

りゅう座のETは、自分たちが銀河の先祖であると主張し、実際にさまざまな民族がここから派生したが、基本的に龍というのは横のつながりや集団化に関係しやすく、個人の自由ということに関してはあまり理解しない。地球でも軍隊など、集団で行動するもの、個人の自由を許さないものはドラコ族的と考えてもいい。プレアデスにも群れを作る本性がある。トゥバンは地球集団意識においては、今は北極星ではないので、それは指導原理にならないが、一段ずれたところ、アジナ・チャクラ的なところではその力を発揮する。

西暦2350年ごろに地球をドラコ族が支配すると言うが、一番困るのは、それぞれの星雲系の高次思考センターを持って地球に住むET、あるいはスターシードたちで、ドラコを避けるために全員退去すべしという勧告があったという。しかしドラコ族は、一部のアルクトゥルス、一部のアルシオン、シリウス、もっともつながりのあるベラトリックス*などに深く関係している。ドラコ的な世界が迷惑なわけではなく、そこそこメジャーなのだ。いわば中国のようなものだと言うと、中国が「失礼だ」と思うのか、それともドラコ族が「失礼だ」と思うのか。

つまりドラコ族がもっとも苦手とするアンドロメダ座系に対して、退去勧告が出たということである。ドラコと気が合わないからだ。たとえば、これから大化の改新の時代の頃と同じように、中国が日本を占領するとなったら、そのまま残る人と、よそに脱出する人が出てくるだろう。大化の改新の時代に、日本人は日本語を使うことを禁止され、中国の漢字を使うことを強制されたという説がある。ユダヤ人もバビロン捕囚時代に、ユ

*ベラトリックス
オリオン座γ(ガンマ)星のこと。

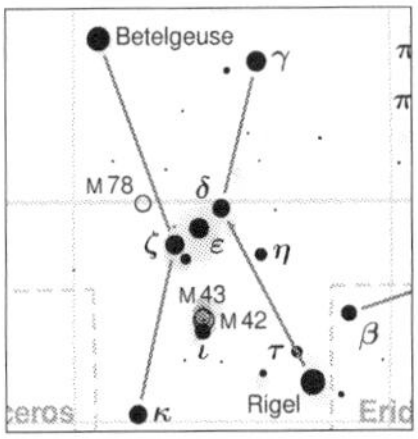

ダヤの言葉を使うことを禁止された。

一時ネットで話題になった、自身を未来人と名乗る存在は、その西暦2350年ごろには、世界はインドになっているという話をしたらしい。朝ごはんは誰もがマサラドサを食べるのだろうか。でも、インドもナーギニーの国である。

三輪山の巫女が、小さな蛇の形のオオモノヌシと通信して最後には死んでしまったのは深入りしすぎたからだが、蛇の形のオオモノヌシとは三輪山のレイラインのことで、これはエジプトのほうまで走る東西の線だ。わたしは、江の島の上空の一部がはがれ、そこに緑色の龍のような形を見たことがあるが、これも力線が見えたということだ。グルジェフの水素を、わたしは自灯明と法灯明の交互の組み合わせと説明したが、力線がこの中に抵抗体を作ると、そこで丸まって滞留が生じ、一つの組織になる。血管の中に塊ができた時、それが心臓になったようにだ。そのため、グルジェフの水素の表では、物質は、線、丸、線、丸というふうに連鎖すると考える。高次思考センターH6は丸で、結晶化しており、高次感情センターH12

は線で、それは自分のところに力を溜め込めず、横に流れていく。あるいは連絡する。

ドラコ族が、集団化したり、個人の自由を否定したり、軍隊化したり、帝国化したりするのは、この線的性質に引き寄せられているのかもしれない。H6のような結晶した丸や球体になると、他人には無関心で、一人で自立的に何かをし、うるさくつきまとわれるのは大嫌いという性質になる。つまりドラコ族は、H6領域の恒星にとどまらず、H12の太陽系に野心を抱いているということだ。大地に向かう龍は毒になる、という言い方もできる。下に向かう高次思考センターが別に悪いわけではない。だが、アメリカのチャネラの多くは、自由ということに対する強硬な信念体系に支配されているので、ドラコを悪く言う人が多いかもしれない。千賀一生*は、淡路島が西暦2300年前後には世界の中心地になると主張するし、そもそも中国の哲学がとても好きそうだが、これは地球をドラコが支配するというイメージに近いかもしれない。世界はみんな淡路島。あるいは世界はナーギニーが支配する。

*千賀一生
舞踏家、思索家。「わの舞」を創始、古代の神聖舞踏を追求する。『ガイアの法則』など多数の著書がある。

＊バーナデット・ブレイディに言わせると、財宝を守る龍トゥバンと金星がパランで重なるとセックス好きになるらしいが、横でつながるという性質からすると納得できないわけでもない。金星という感覚性において横につながるとは性的なものかもしれないからだ。

Ｈ6―24―96系は、他とあまりつながりたがらない。これは自灯明は基本的に電磁共鳴のように直接接触せず、共鳴で意思伝達するからだ。法灯明は直接電線をつないだみたいに、ダイレクトに伝達するということから来ている。Ｈ6―24―96系は無脊椎動物を食べると言ったが、これに比較して、Ｈ12―48―１９２は脊椎動物の哺乳類や魚などを食べる。つまり脊椎とは、このつながりのラインということを表しているのだ。無脊椎動物は球だ。金属はつなぐ。鉱物は孤立して球になる。だから、石によって結婚運がよくなるということはない。石を持つとずっと独り身だ。つながるには貴金属のほうがいい。

いずれにしても、今の北極星のポラリスにこだわることなく、いろんな北極星の中で自分はどれに一番縁があるのかをサーチしてほしい。それに

＊バーナデット・ブレイディ
オーストラリアで生まれ、イギリスを中心に活動する占星術家。とくに恒星関係について詳しい。古代ギリシャの手法であるパランに関しては第一人者。

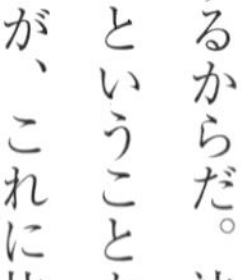

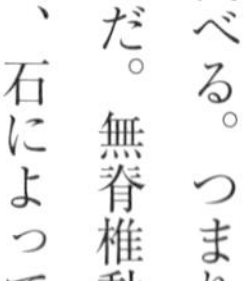

よって自分のクラスタがわかる。これまでに列挙した北極星に順番に訪問してみるといいだろう。合わないものにははじかれ、合うものには吸い込まれる。今の北極星のポラリスに行く人は、それよりも取り巻きの北斗七星に行く。すべて北斗七星が代行しているかのようで、多くの修行者は北斗七星に従う。熊女*（ウンニョ）だけあって、しばしば高飛車なこともある。熊女とはα星のドゥベー*のことを言っているのだが、なんとなくどこかトゥバンにも似ている。位置はずれているが、ポラリスは傀儡《かいらい》的で、実はトゥバンが北斗七星を支配しているのではあるまいか。

頭の中の六角形

松果腺を中心にした8方向のマトリクスは、主に上がったり下がったりということに関係し、それは世界に入ったり出たり、進んだり引いたりすることに関係するものだ。それに対して横広がり、つまり太陽を中心にした宇宙図でいえば、黄経に関係するようなものが、頭の中に建てられた六角柱だ。

*熊女
朝鮮半島の檀君神話に出てくる、人間の女の姿になった熊のこと。この熊女と神である桓雄の間にできた子が古朝鮮を建国した檀君と言われる。

*ドゥベー
北斗七星を形作る恒星で、おおぐま座α星のこと。ドゥベーとはアラビア語で「熊」を意味する言葉に由来する。

これは六つの扉がある回転ドアのようなものでもある。ここから六つの世界に出入りする。この六角柱を作るには、まず宇宙の中での位置決めをしておく必要がある。

位置決めをするために、太陽を中心にした天体図を作る。横には黄経で、360度の広がりがある。そして12サインの座標はそれぞれ30度ずつ区切られる。縦には黄緯の座標がある。太陽を中心にした場合には、頂上はN90度で、ここでは北極星はN66度なので、いわばアジナチャクラのようなものだ。地球からすると北極星は頭の頂点にあるが、太陽を中心したものでは、これらはだいたいN66度の位置にあるものなのだ。つまり8方向マトリクスがある程度地球的な視点から活用されるものであるのにくらべ、この六角柱は太陽を中心にした座標となる。8方向の上と下は便宜的に北極星と南極星だと言ったが、これはずっとそうだという意味ではない。地球に住んでいる以上はそれと重なりやすいと言ったのだ。

ところで、恒星ツアーをする時に、北極星だけは各自で自分の北極星を探してほしいと説明したが、太陽中心の図では北極星とはN66度のものであり、それは頂点にあるものではなく、アジナチャクラ、生命の樹ではビナー・コクマーの位置であり、世界を夢見るという意味になる。北極星が違うと夢見のスタイル、あるいは内容が違ってくる。そして地球に入るとは、このアジナの夢見が、そのまま世界の支配原理になる。つまり夢見ているものの中に入り、夢見ているという行為を対象化できなくなるということになる。わたしたちは夢の中で生きている。

生命の樹では、ビナーは世界の卵で母であり、子宮だ。コクマーはこの母の子宮の中に入り、この子宮の内部を活性化する。コクマーは陽の原理で、これがビナーという陰の原理の腹の中に入ることで世界が生き始めるという光景は、原子構造に似て、電子雲がビナーの卵の殻に相当するということだ。この中に、陽原理としてのコクマーが入り、中心に居座る。

原子ならば、中心には陽子と中性子があり、おもに陽原理として働くのは陽子だ。つまり陽子は、電子との関係において自分の役割を決めてしまった。それは世界を成り立たせるということだ。中性子はあまり役割をはっきり自覚しない。しかも原子の中には勝手に中性子が飛び出して原子崩壊するものもある。また原子に所属しない自由電子は、あらぬものを拾ってきたりもする。つまり原子という陰陽関係の決まり切った因果律に従わないものを拾うのだ。いわば〝補導〟されるものがたくさんある。生命の樹のパスで言えば、ビナーとコクマーのパスは［3・女帝］のカードで、ここでは世界を孕むことに貢献するが、コクマーからケテルに向かうパスは、ケテルから外宇宙に出ようとしていて世界に貢献しない［0・愚者］で、これは原子を壊し、あるいは原子の家から家出して飛び出す中性子のようなものでもある。

この世界の夢見と陰陽因子が結びつく時、それを維持することを示すビナー・コクマーは地球座標においては北極星になるので、北極星がその夢見られた世界の複数のグループを示すことになる。すると、人間型宇宙は琴座のベガからスタートし、ドラコ族はトゥバンなどから、また非物質的偏在型はアルクトゥルスなどからスタートする。この北極星が違っていて

も、その下にある恒星などは共有されていたりする。ベガから降りたシリウス。トゥバンから降りたシリウス。アルクトゥルスから降りたシリウスなどだ。アルクトゥルス・シリウスのマトリクスはヒーラーなどに多いというが、アルクトゥルスは非物質存在がメインなので、基本的にヒーリングをするにしても夢から覚めるというものになる。非物質存在は夢見しないからだ。非物質存在は夢の中を歩いているかもしれないが、非物質存在は夢を見るのが不可能ではないか。特定の表象プラス事物の中に入らないのだから。

一方で、人間の姿の夢を見るベガからシリウスに降りると、ヒーリングというよりは美容や整形などに関心を持ったりすることになる。琴座の性質は、オルフェウス*を参考にしてもらうといいかもしれない。竪琴の音で夢見状態に入るのだ。この夢を見させるという性質は、アルシオンも持っている。アルシオンにはみな取り憑かれるという。ただいずれにしても、太陽座標においてのビナー・コクマー、すなわち地球座標においての北極星は、世界を夢見る始まりなのだ。

＊オルフェウス
ギリシャ神話に登場する吟遊詩人。オルフェウス教の創設者でもある。竪琴を奏でながら歌う彼の歌は生きとし生けるものを魅了したとされる。

コクマーは、ビナーに気を使っている間は世界の維持に貢献するが、その気がなくなるとケテルから飛び出そうとする。

たとえ話で言えば、女性と男性が結婚して家庭を作り維持するのが、ビナーの卵を維持することだ。そもそも陽は、陰よりも外に拡大する性質がある。陰は内側に収縮する性質なのだ。コクマーの陽要素がこの収縮する陰の中に入ると、陰陽は均衡が取れて家は維持される。ある日男性が家に帰らなくなって家が崩壊するのは、原子崩壊によって中性子などが飛び出す状況でもあるが、つまり陰陽均衡が崩れた時だ。中性子は陽子を偽装するが、中性子の本性は家の中にじっとしていることに向いていない。陰陽の世界を維持している動機はただ一つだけ、「世界に興味を抱いた」ということだ。

途中で原子崩壊しなくても、男性も女性も老いてこのユニットは自然消滅する。世界は永遠には続かない。

頭の中の水晶を、六角柱だけでなく、その頂点がポイントのようになっていると考えると、この頂点から降りて行ってそれぞれ六つの辺にあたるところが、N66度の北極星のラインというふうに想定してみるのはどうだろうか。この横ラインから下には六つの世界の扉がある。

ヘリオセントリック*の天体配置図を作った時に、正面の60度領域の真ん中に地球ポイントを置く。そしてこれを中心にして、すべての黄経に配置された恒星をマッピングする。たくさん恒星がある扉もあれば、少ない扉もある。たくさん恒星がある場合も、この中で一番代表的なものを決めておくとよい。

また六つの扉をつなぐ線の部分にまたがる恒星は、二つの扉の間を切り替えたり、つないだりする。恒星の黄経位置座標は、ソーラーファイア(http://www.astro9.com/sf/)などでバーナデット・ブレイディの恒星一覧表のマップがあると便利だ。

この六角柱は、人によって配置が違うということになり、みんなで同じところを行くパックツアーとは別物だということだ。代表的な恒星にはツアーで行き、そのあと、自分のマッピングをしていくとスムーズだ。

便宜上、わたしは、極大宇宙ボディということで、正面に顔があり、両

＊ヘリオセントリック
地球を中心にして惑星の位置を決定する一般的な占星術(ジオセントリック)に対して、太陽を中心に惑星の位置を決めるのがヘリオセントリック占星術。

側の前方が両手、両側の後方が翼、あるいは足、後ろが尻尾という姿を想定する。

　地球座標、また地球と太陽の関係で作られた太陽座標は、わたしたちがこの地球上の肉体を失うとまったく意味をなさなくなるので、これらは便宜上のものだ。肉体を持つということの便利さは、位置座標が決まるということだ。そこからすべての位置を見ていくことができるし、定義もできる。位置座標がなくなると、実はあらゆるものの意義が定義できなくなる。

七角形と五角形のセットの意味

　ところでジョン・ディーが水晶球や黒曜石を使う時に、外側が七角形、その内側に五角形を配置するというのが、なかなか謎だ。そもそも七角形も五角形も、受容性というのがない。だから外のものを拾ってこない。七角形はアスペクトでいうと51・428度になる。五角形のほうはアスペクトで言えば72度で、わたしはこれを五稜郭アスペクトと言い、防衛網と想定している。七角形ははっきりと形に見えるところで表現することを意味

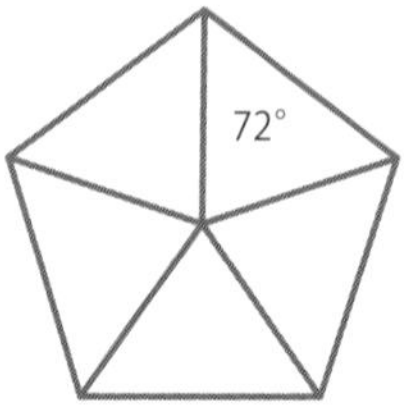

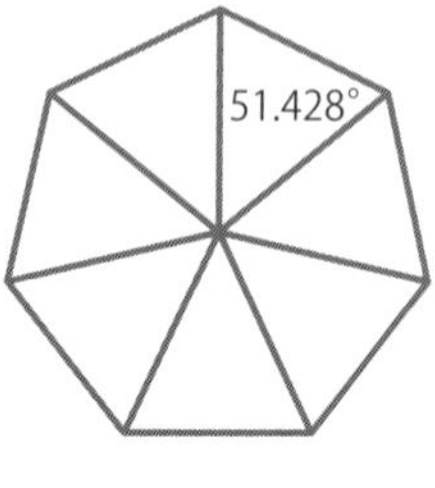

する。七角形があると情報は曖昧でなく確実に成果を作り出す。

そのため、内側では主張し、吐き出そうとし、その結果は明確で具体的なものとなる、というような配置だ。これは黒曜石や水晶球で受信するにはしごく不都合なのではないだろうかと始めは思った。

昔から防御は五角形、召喚は六角形と決まっていると思っていたのだが、この七角形と五角形は地上に対して働くものだとすると、理解はできる。つまりモンロー研究所のリーボル（共鳴エネルギーバルーン）のように、H想念帯の影響の侵入をはね飛ばし、違う次元に接続しやすくするのだ。「こうした図形は実際に効果があるのか？」と疑問視するとしたら、これを物質的な視点から見ているからだ。

これらの図形にエーテル体は即座に反応する。エーテル体は七角形と五角形で周辺情報を無視する。つまり、リモートヴュイングなどする気はないんだということだ。より上位にあるアストラル情報を取り込むために、横にあるものはハネ飛ばす金網を作ったということだ。

ちなみに、わたしはブログで、自分には五稜郭アスペクトの72度がなく、

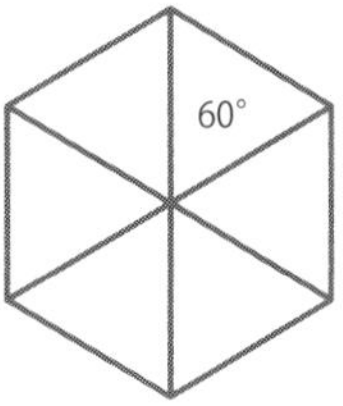

▼正12面体

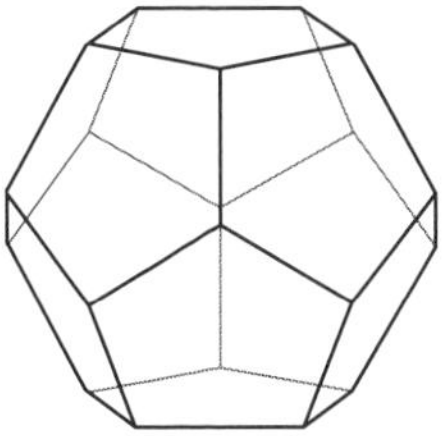

いつも守られていないと書いたことがある。地球と火星の間には正12面体があり、この正12面体は一つの面が五角形で、これを火星のディフェンスと言う。このため、外部のものが地球に侵入できない。ところがこの防衛網がないので、エーテル体領域においては、いつでも何かが侵入してくる。パーソナリティを維持する月が、個体化されていないということも原因の一つである。

この防衛網がもともとわたしにはあまりないということから、以前は車の中でリラックスし、意図的に金縛りに入ると、必ず誰かが話しかけて情報をくれた。この車の中で金縛りに入るというのをやめてしまったのは、深夜に鎌倉宮の駐車場でそれをした時に、鎌倉宮からわたしの車に向かって赤い絨毯がゆっくりと伸びてきて、この絨毯の向こうに黒い人影が立っていたのを目撃した時だ。心底怖くなったのだ。

いま思うに、赤い絨毯というのは血の道だ。向こうに立っている存在は、それをわたしに示唆しようとしたのだと思う。この赤絨毯が伸びてくるのが非常にゆっくりで、それが心底怖い感じがしたのだが。

エーテル体のトレーニングとしての心霊体験

しかし、この程度のことはかなり日常的に体験することなので、最近は、むしろこれを普通の生活とみなし、身体感覚で体験するものはサブ的なものと考えたほうがいいのではないかと思うようになった。

マニラでの体験では、3人の天使のようなものが、自殺者の心霊体の侵入を防ごうとしていたのを見たが、この3人はほとんど何の力も発揮しておらず、振動密度が低いエーテル体領域に対してはまったくのところ無力だった。要するに上品すぎて、どぎついミンダナオの力には勝てないのだ。最近は、水晶球や黒曜石で映像を見たり、ヘミシンクで変性意識に入った時に、シュタイナーのいうエーテル体の奈落に落ちるというのは何か強いショックがかかるような印象もあるが、これとわたしのある種心霊的な体験は――それは高校生の頃からおびただしく体験しているのだが、実は区別する必要などないと最近は思っている。心霊体験というのは、物質界でなく、エーテル界の体験にシフトすることそのものだからだ。

心霊体験があまり好ましいものではないというのは、狐、狸などの動物霊に取りつかれる、つまり低級霊に憑依されるとか、低い感情に支配されるからなどというのが日本の昔からの通説だが、現実の問題として、およびただしく心霊体験をしているわたしはそういうものにあまり遭遇したことがない。というよりも、そういうものが来ても、それに巻き込まれることがほとんどない。生まれた時からずっと狐の夢を見てきたが、それは動物霊ではないかということになるが、この狐の大ボス的な存在がある日わたしに張りついて添い寝していたのを目撃した時、この大ボスはわたしの言いなりになることがわかった。それならば、わたしは狐に憑依されるというよりも、狐を飼っているということなのかもしれない。

心霊体験は怖いものだが、「怖い」というのは、わたしたちのホメオスタシス（恒常性）を維持しようとする機能がパニックになるからに過ぎず、つまり「怖い」とは対象が怖いのでなく、わたしたちの反応が大げさなだけなのだ。

最近、この心霊的なものには正面から取り組んだほうがいいと思うようになった。これは月の問題だ。月を内的に同化するか、それとも外化するかの問題で、外化するとわたしたちはエーテル体領域を対象化・視覚化することになる。すると恐怖を抱かないかわりに、外に何かの影を見たりすることになる。一瞬ショックはあるが、それは初めのうちだけだ。

わたしは年齢がもう60代で、このくらいになると現世的な領域でそう面白いものはない。だいたいあらかた体験したと言える。現世的なものでは、たいていのものは退屈だと感じる。そうなると、エーテル界の領域での体験が楽しみになってしまう。だから数々の心霊体験を再評価しようと思っているのだ。鎌倉宮から延びてきた赤い絨毯が血の道を表し、わたしのところまで来る前にわたしが拒否反応を起こしてはしまったが……。

さて、妙見信仰*の出雲族は北朝であり、シリウス信仰の大和族は南朝であるという意見があるが、実際はそんな単純なものではない。というより、この見方はめちゃくちゃだとわたしは思う。妙見信仰は北辰信仰で、これはもちろんポラリスと、北斗七星から降りてくる流れである。

*妙見信仰
北極星、北斗七星の象徴である仏教の北辰妙見菩薩への信仰。中国の道教の影響があると言われている。

chapter 6

12の世界

オリオンの方向から来た者

以前、Ｆａｃｅｂｏｏｋで次のような書き込みを見つけた。

《タロットカードを持ってた時期、私的には霊感が高くなりました。夢の内容が濃くて抜け出せない感じで。あるひふとこれのせいか…とタロットを処分したら、夢を見なくなりました。本に書いてる通り、黒いシルクに包んで保管してたのも大きいと思います。黒曜石は、そんな霊感が強くなる効果があるんじゃないでしょうか？　黒い曜に行く石。7曜からはみ出す感じで。おじさん『それなら持っていってよいよ』私『これは要らん、すいません。要らないみたいです』と言ってしまった石です》

前述したように、わたしが１９９９年に身長4〜5メートルほどの黒い生き物に遭遇した時、この生き物はわたしの右腕をさすった。その手はわたしの手よりはるかに大きかった。そのころのわたしは腱鞘炎にかかっていて、コップを持てないほどの時もあるのに、ノートパソコンでタロットの本を書いていた。そもそも腱鞘炎になったのは、このノートパソコンのキーボードの打ちにくさが原因とも言えた。だから、その生き物が手をさすったのは、早く腱鞘炎を治せと言ってるようなものでもある。

その昔、20代の頃に、原宿でタロットカードの絵を描く講座をしていて、自分でも描いていたところ、ある朝目覚めた瞬間に、茶色の怪物のようなものが扉を開けて出てくるのを見た。その後もタロットに関わると、これに似た形態、つまりドラゴンのような生物に遭遇することが多かったように思う。

タロットカードの知識というのは、わたしにはどうしても人間が考え出すことのできるようなものには見えない。それはどこかから伝達された知識ではないかと思う。高度すぎる知識であり、人間の頭でこれをすべて理解するのは無理だ。

H・P・ラブクラフト*が描く〝旧支配者〟のネタもとは、エジプトメーソンの会員でピカトリックス*を所持していたラブクラフトの父親なのでは

＊H・P・ラブクラフト
1890～1937年。アメリカの怪奇・幻想小説家。エドガー・アラン・ポーの影響を受けている。

＊ピカトリックス
13世紀のヨーロッパに登場した、古来の哲学者たちの魔術の奥義をまとめたとされる謎の書物。物質とエネルギーの究極の秘密が書かれているとされる。

ないかと推理しているのはコリン・ウィルソン*だ。日本人ではただ一人、半村良もそれを持っていたという話だ。

ラブクラフトは数日に一度という相当な頻度で悪夢に悩まされており、わたしは自分がそんなラブクラフトにとても似ていると思っていた時期がある。侵入を受けると心身はだいたいパニックを起こす。以前、女性が泣くのは、それによって感情を調整しているのだという話を聞いたことがあるが、悪夢でうなされて叫んだりするのも、同じように感情を調整しているのだ。

〝旧支配者〟というのは洪水以前の支配者のことで、りゅう座のドラコ族だと考えられる。彼らは古い時代にかなり広範囲に植民地を拡大し、またプレアデスの一部、特にアルシオンとも結びついていたと言われる。わたしが1999年に遭遇したのはアルシオン宇宙人だが、タロットカードはこれらに関係しているのではないかと思われる。

世界には多くの種類のカードがあるが、タロットのルーツの深遠さに勝るものはほとんどなく、また、いまのところタロットカードの意味はまだ

*コリン・ウィルソン
1931～2013年。イギリスの評論家。処女作『アウトサイダー』で一躍世界的に有名に。オカルトから心理学まで、幅広いテーマに取り組んだ。

解明されつくされていない。タロットカードの絵を描いてみたり、いじりまわしている時に、数回、この竜族のような存在に遭遇したわたしの経験から考えれば、タロットカードはアクセスキーのような働きをしているということになる。

30代の頃、オリオン方向から来た（しかしオリオンではないと本人は言った）ハニワ型のETに出会った時、1万150年前までは地球に住んでいたが、それ以後はオリオン方向の星に住んでいると言われた。で、この姿・形が、アリゾナ州ツーソンに住んでいるラルフ・チャーコンというコンタクティが出会ったという、オリオン座の惑星ゼティから来た宇宙人と妙に似ている。

コンタクトしたナーデルという名の宇宙人は無数の流動する点でできた存在で（それゆえに「ドット・マン」とラルフは呼ぶ）、身長は163センチ。楕円の頭でロート型。髪の毛も耳もなく、目は寄り目、鼻は鳥の嘴のよう。口は長方形の穴。首が短く、胴体はかろうじて人間のようだったが、手は開かないというものだ。洋服はベージュとブラウンの無数の点の集まりで、つまり身体と一体化したものだ。去る時には奇妙な雲がすばやく飛んで行く、というような光景だったようだ。

この宇宙人はゼティ、あるいはアルニタクから来ているのかもしれないし、わたしが遭遇したハニワ男も、オリオンの方向だ。それに身長も低いのも似ている。

たくさんの流動する点でできている存在は、わたしも見たことがある。わたしにVサインのような仕草をしたあと、そのままドットが少しずつ希薄になっていって消えた。これは、ある人が「自分には子どもの頃からガイドみたいな存在がいて、いつも助けてくれている」と言うので、「それは誰なのか?」とわたしが聞いた時に現れたものだ。Vサインのような仕草は、暗に「わかってるね」という確認の挨拶と感じた。向こうは私を仲間と思っている。そういう印象を受けた。

ハニワ男がゼティから来た宇宙人と似ていると思うのは、身体がハニワ型、つまりさかさまにしたロートのように下に向かって膨らみ、上が細いからだ。また、手の指がはっきりしない。洋服というものはなく、いわば身体と洋服が一体化していて、全体が土色をしていた。そして泡状か、あるいは硬い雲のように、つまり、綿あめみたいな、すかすかしたものに見えたからだ。流れる点というよりはバブル体だ。

このハニワ男は、1万150年前のこの存在が死んだ時の事件をわたしが目撃してショックを受けてしまい、それが原因でわたしは腰を壊した。これは自分の責任だから治すと言って来たのだ。今では、この話はわたし個人というよりも、集団的・歴史的な出来事だと思っている。高次思考センターや高次感情センターは、こうした非個人的なものしか感知しない。

ハニワ男がわたしの腰に手を当てようとした時に、わたしは彼の手をはねのけて、「自分で治すから手を出さないでくれ」と言った。腰が壊れているというのは、腰から下と、腰から上がうまく連動しないということであって、これは生命の樹では腰がイエソドを表し、いわば月のことだ。月の下には四元素があり、月の上には第五元素があるというアリストテレス的な発想ならば、四元素と第五元素が連動しないということである。

この大地の四元素と真ん中の第五元素の関係は、タロットカードでは

「21・世界」に描かれていて、この真ん中がヤコブの梯子の入り口ともなっている。エソテリックというのは、四つの入り口のどこから入っても、真ん中の扉に行き着くというもので、薔薇十字の記号もこういう図形だ。

　タロットカードは、数を順に追いかけていくと、上のほうから下へと降りていく構造になっている。最後の「21・世界」になって、やっと一番下の扉を構築することになる。多くの場合、〝修理する〟というのは、この初めから順番にトレースして一番下まで来て、そこでやっと入り口が作られるということを意味しているのではあるまいか。「21・世界」のカードは、エーテル体のイエソドと物質のマルクトをつなぐパスであり、降りることで上がるという現象が生じる。つまり物質に降りることで、物質は「取り残された」という感情を捨てて上がってくる。

　すでに書いたが、上にあるものは下にあるものに似ているということで、マクロコスモスに進展することは同時にミクロコスモスに進展することになる。先に書いたように、もし太陽系の構造が、原子の構造にそのまま転

▼薔薇十字

写されていると考えてみると、太陽系外の星雲界にまで意識が上昇すれば、同時に原子よりも細かい素粒子に意識が浸透し、これが物質に降りるということになるのではあるまいか。というのも、原子にまでしか降りることができない場合は、原子の枠組みで作られた世界からも自由になることができないからだ。この原子の中には、陰陽因果律の硬い結束があり、そこを突き抜けることが難しいのだ。

つまり、タロットカードの「21・世界」に至るというのは、イエソドまで降りるだけでなく、物質にまで降りることでもあり、「壊れた腰を治療する」というような作用をもたらす。神はイエソドまでしか降りないというカバラの思想は、わたしが目撃した1万150０年前の事件以降の真実だと言えるのかもしれない。つまりその頃から、地球社会の孤立が始まり、地球はマルクト化して、イエソドというヤコブの梯子の入り口を見失ったのだ。

わたしがハニワ男の手をはねのけて「自分で治す」と言ったのは、そのほうがはるかに楽しみだからだ。歳差活動は2万6０００年周期を持ち、

1万3000年の昼と1万3000年の夜を持っている。1万150年の前をBCとすると、1万2000年前くらいで夜の始まりだ。今は明け方だ。

そして理屈からすると、この神はイエソドまでしか降りることができないという条件は、太陽系に住んでいる間は解除できないことになる。

神はイエソドまでしか降りない

流動する点でできているドット・マンのナーデルがやって来たのは、オリオンのゼティかアルニタクからという話だが、三つの世代からなるクォークは、オリオン三つ星に対応するのではないかということは先に書いた。わたしは科学的な素材を比喩として扱っているにすぎないので、科学的には根拠に薄い発言ではあろう。しかし、わたしはそれほど気にしない。グルジェフは、振動密度の違いを水素番号で識別した。これは当時流行の科学用語を使ってしまったために、失敗を犯したと見てもいい。水素原子は、陽子1と電子1で引きあっている。グルジェフは水素1は、この宇宙においての絶対の原理であり、無であると説明している。この無が原子の一番小さな単位と同等ということは、原子よりも小さな粒子は存在しないか、あるいはその小さな粒子は前の宇宙に属すると説明しているようなものなので、明らかに間違ったことを言っていることになる。しかし、グルジェフの水素番号はあくまでも便宜的なものにすぎず、科学における水素とはまったく異なるものを示しているので、これを科学的に厳密に受け取ってはいけないのだ。そんな理由から、これまでわたしは水素という言葉のかわりにH番号や法則番号などと書いて、お茶を濁す説明をしていたわけである。

オリオン三つ星は、いわば原子を突き抜ける、もっと原因的な物質を自由に組み合わせるような性質を持っているというイメージなので、ナーデルは流動する点で仮の身体を形成する。ハニワ男は、まるでスペイン料理のエスプーマみたいに身体を作る。これらは、地球に侵入する時に必要な形を一時的に形成しているのではないだろうか。おそらく、本体は非物質になったり、物質的になったりと、自由なのだ。

かなり前のことだが、オーラを見る練習会を毎週していた頃、ある日、オーラが実で身体が虚という状態になったことがある。身体は見えなくなり、オーラはどぎつい色の岩のようになってしまい、そこから本人の腕が飛び出していた。このどぎつい色の岩にはたくさんの色がついていたが、指を突っ込むと指が怪我してしまいそうなほど表面がざらざらしており、もちろんエーテル体でできているので指を突っ込んでもすぐに突き抜けてしまうのだが、とても密度が高いものに見えた。

たぶん、わたしが見たハニワ男の密度はこんなものだったと思う。固いハニワのようでいて、それでいて綿アメみたいにすかすかなのだ。

ある夜、こんな夢を見た。豪華なエレベーターに老人と中学生のわたしが乗っている。地上階でドアが開き、わたしは降りたが老人は降りなかった。おそらく、これはヤコブの梯子だ。神はイエソドまでしか降りないが、人間の意識が地上界まで降りたら、地上界は振動密度が上がる。この物質の底にまで降りるには、意識は星雲界まで行かなくてはならないということが条件だ。

昔から、神様が地上にやってくるという思想と、人間が上がらないと神様はやってこないという思想とがあり、これが仏教では大乗と小乗を作り出すが、1万150年前から以降、神様は地上にやってくることはないので、この「腰の故障」を全員が自力で治さないといけないことになる。どこまで上に上がったかが、どこまで下に降りたかの目安にもなるので、たとえば占星術を使う場合は惑星を扱っている（惑星まで上がった）から、これは原子まで降りるのではなく、その手前までしか降りないということになる。世界の価値は陰陽因果律で作られている。これらのもとにあるのは原子の構造だと仮定してみれば、原子を突き抜けることは、この世界の陰陽因果律で作られたさまざまな価値観に振り回されなくなることも意味する。

以前、ヘミシンクに熱中していた時に毎日会っていた3人の弁財天のうちの一人が少し肥満であった。ヘミシンクのフォーカス10は、物質的にかなり近いところが多いのか、恵比寿の喫茶店でヘミシンクを聴いていた時、向かいのソファにこの太った弁財天がまるで物質存在のような感じで座っていたのを見たことがある。わたしがドットで作られた男を見た時よりはもう少し希薄だったが、しかしこれがもっと濃密になると、触れられるくらいになるのではないかと感じた。ドット・マンのナーデルやハニワ男は、この太ったアルニタク（オリオンの三つ星を3人の弁財天と見て、わたしはそんなふうに呼んでいた）と親近性が強いのではないかと思う。つまり、わたしとオリオンとの関係が深いので、わたしが引き込みやすかったということだ。ハニワ男は、オリオン方向だがオリオンではないと説明していたが、おそらくミンタカの通路を通じてその先にある場所に住んでいるのだろう。

［21・世界］のカードまでいくと、わたしたちの腰は完全に治療されるが、イエソドとマルクトの間にはグラデーションがあり、ここにはさまざまなラジオ放送の周波数帯があるというように考えてみるとよいだろう。周波数帯の一番上はイエソドで、これはエーテル体であり、このエーテル体の帯域にはさらに密度の違いによって7層ほどが存在する。周波数帯の一番下はマルクトの物質にまでつながっている。

生命の樹では、イエソドを土台にしてその上に複数のセフィロトが立っている。そしてこのセフィロトは、上に行くほど振動密度が高くなり、下に行くほど低い。このセフィロトの階層性がそのまま、イエソドとマルクトの間に細かい階段を作る。そもそも生命の樹は、チャクラを陰陽化して左右に分けたようなものなので、イエソドとマルクトの間の階層を七つと考えるのはそもそも適切なことなのだ。

オーラの練習で、物質を見ている視点をエーテル物質を見るというものにシフトすると、このイエソドとマルクトの間に重なり合い存在している、いろんな世界を見るようになる。しかし、その人の得意不得意というものがあるので、このエーテル体の7層のどれかに接近しやすく、どれかに接近しにくいという違いが人によってできる。

物質界に迎合するエーテル体というのは、未来を予言したり、遠くのものを見たりすることだ。シュタイナーはこういった霊能者をかなり馬鹿にしている。だが、このような霊能者は、信じられないほどリアルに遠くのものが見えたりする。なぜシュタイナーが馬鹿にするかというと、それが陥穽となり、より上位の領域を開発しなくなるからだ。また、霊能者に寄り集まる人々も異常なまでに依存を始める。1日も休まず電話して相談するような人も出てくるだろうし、霊能者の言うなりにお金も払うだろう。

エーテル体がイエソドに近づくと、物質界とエーテル界を比較してエーテル界がメインであり、物質界は沈殿物、死骸でしかないと言い始める。このようなところに拠点を置くと、エーテル体は物質に迎合する気はないので、遠隔透視しても違うものを見たり、細かい事物よりも、その象徴性だけを提示したりする。いわば、徐々に肉体、物質と同調しなくなるのだ。

1日という時間のあいだにはたくさんの切れ目があり、その切れ目ではイエソドに入り込みやすくなる。大地と植物の関係は物質とエーテル体の関係に似ていいいて、大地の裂け目から植物が生えてくるように、1日の中でもそんな裂け目がいくつかある。ドン・ファン*が「夕刻は呪術師にとって危険な時間だ」と言っていたように、宇宙人が出入りしやすい時間帯というものもある。

私の場合は、目覚めた時か、あるいは目覚める直前に遭遇しやすい。そもそも、毎日、目覚めた時にはまだこの世界がちゃんと見えておらず、光の渦を見ていることが多い。しばらくするとだんだんものが見えてくるが、

*ドン・ファン
アメリカの作家・人類学者カルロス・カスタネダ（1925～1998年）の著作に登場するヤキ・インディアンの呪術師ドン・ファン・マトゥスのこと。カスタネダはこのドン・ファンの弟子となって呪術を学んだ。

時には失敗して、最寄り駅まで歩いていく時ですらものがよく見えないことがある。これはエーテル体がちゃんと物質にはめ込まれなかったというような印象だ。この使いやすい切れ目を探してみるとよいだろう。

もちろん、時間の中にあるということは空間の中にもあるということだ。つまり〝切れ目のある場所〟である。東日本大震災は、空間に巨大な切れ目を作った。切れ目があると、連綿と続いてきた日常の平穏さは壊される。この安定した大地に亀裂が生じた場所が、その入り口になりやすいのだ。安心を求める人は、この切れ目に出会った時、感情が乱れに乱れることになる。

ドット・マンのナーデルと頻繁に会っていたコンタクティは、一緒に地球外に行ってしまい、もう地球には戻ってこなかったらしいが、異質な存在に頻繁に会っていると身体もだんだん同じになってくると、わたしは思う。わたしはこのコンタクティの話を聞くと、『赤い靴』という歌を思い出す。赤い靴をはいていた女の子のように、このコンタクティは異人さんと一緒に消えたのだ。

惑星内部の他の次元

ある人がFacebookでバシャールの記事ばかりをシェアするので、あるとき、わたしもバシャールのサイトを少し覗いてみた。一箇所だけ興味が湧いたのが、以下の記述だ。

「地球に滞在する高次的文明の存在数は12ほどで、だいたいこの数は変わることはありません。これらの約12種の文明は、地上で活動したり、地底や次元と次元の狭間で活動したりと、私たちの〝目〟に触れることのないよう極めて慎重に活動が行われていると、話しています」とある。

エドガー・ケイシーは、惑星にはそれぞれ複数の次元があることを説明しており、この数についてはあまり覚えていない。しかし地球にも複数の次元があることは不思議な話ではない。プレアデス人のDNAを使って地球人を作った時、人類が急速に進化しないように、また労働者として働くように、DNAの10本を切ってしまったという話は先述した。あるいは、アヌンナキの話であれば、地球人はそもそも金を掘るためのロボットのような目的で作られた。

この切断される前のもともとのDNAがあれば、地球の12の次元にすべてアクセスできるのかもしれない。マクロコスモスへの進展は、ミクロコスモスへの進展と同時進行するという考え方からすると、より大きなものはより小さなものと鏡像関係にある。陰陽の力の場で均衡をとる原子は、惑星を持つ太陽というモデルの太陽系と共鳴していると説明したが、この原子よりも小さな素粒子は、星雲界に対応している。また種類の違う原子は、たとえとしては、異なる種類の太陽系と考えてもいいだろう。

原子より大きなものとは原子が結合してできる分子のことだが、これはマクロ世界においては太陽系よりも小さな単位のもの、つまり惑星あるいは惑星群と対応させればいいだろう。あるカバラ研究者が、分子は月に対応していると説明していた記憶がある。DNAすなわちデオキシリボ核酸は、遺伝情報の継承と発現を担う高分子生体物質だが、高分子というのは分子量が1万以上のもののことをいう。つまりDNAは分子単位よりもさらに大きな組織単位を表していて、つまり、マクロ領域においては複数の惑星よりも、さらに小さな単位のものということになる。それは惑星上の大陸や民族、動物の種類など、集団的な個性というようなものを表している。ここまでくると、宇宙法則というよりは地方の色とりどりの特徴というところまで細分化されていくので、宇宙法則として考えることができるのはDNAはもともとは12本あったという噂話程度であろうか。

アカシックデータは、その記録をするために、もとのピザ生地のところに、12のロゴスがあると言われている。これは占星術の12サインと同等と考えてもよく、つまり、四つの元素と三つのクォリティ（区分）の分類の中にすべての内容をストックしていることになる。この12サイン、12のロゴス、12本のDNAの中に、細かいデータ、特色、記憶、遺伝情報などが記録されると想定すると、少しは馴染みやすいかもしれない。

より高次なものは、より低次の条件を作り変えることができる。これは、ミクロな世界では、より細かい粒子はより粗い構造に浸透し、それを作り変えることができるということであり、理屈としては、星雲界意識、高次思考としてのH6は、原子、分子、DNAなどを作り変えることができ

▼占星術における12サインの四つの元素と三つのクォリティ

	火	地	風	水
活動宮（Cardinal）	牡羊座	山羊座	天秤座	蟹座
不動宮（Fixed）	獅子座	牡牛座	水瓶座	蠍座
柔軟宮（Mutable）	射手座	乙女座	双子座	魚座

るということである。星雲界意識に従う（食料になる）存在は、太陽系の中においては何者からも破壊されない不死の存在だが、肉体は太陽系からのレンタルなので、それを大幅にいじることはできない。

太陽系の中において破壊されないというのは、太陽系内部においての条件にそのまま従っているわけではないということになるが、ＤＮＡはさらに細分化されたものであり、地方色のようなものなので、それに対して星雲界に従う存在はどのくらい従属するのかというと、かなり薄い関わりとならざるをえない。

話をホロスコープにたとえるなら、12サインと10個の惑星が複雑な模様を作っていてまるでＤＮＡのようだが、太陽系の法則として一度として同じ惑星配置になることはない。一度でも同じ配置になると、太陽系は崩壊してしまう。その点では同一のコードが存在しないということなのだ。

また、ほとんどの人がホロスコープの惑星の可能性をすべて活用しきってはいない。一生をかけて舐めるように、部分部分を順番に復元して、やっと全体が少し復元できるようなものだ。12本あったＤＮＡの二つしかないという人類は、実はホロスコープにおいても同じで、惑星の二つくらいしか使っていないというような状況がほとんどなのだ。

話が脱線しそうなので元に戻すが、地球の中にある12の次元、あるいは12の異なる世界には少しずつ互いに干渉し合う部分があり、AとBの領域が重なった部分にCの領域があるというような構造になっている。「地底や次元と次元の狭間で活動したりと、私たちの〝目〟に触れることのないよう」という記述は、目に触れることがないようにというのと同時に、わたしたちが目にすることがないよう、わたしたちも努力していることでもある。地球上でテレビ、雑誌、新聞などによってもたらされる情報はおそろしくでたらめだ。というのも、わたしたちの知能や感覚がひどく粗雑なので、努力しても正確さに至ることができないのだ。それこそ12本のうち2本しかないというようなもので、たとえば、駅から駅に歩いていく10分の間でも自分自身を意識するのはわずか数秒間だけで、それ以外の時間は何かのイメージに食われて自己が不在になってしまう。そんなふうに、わたしたちは眠ったたまま、たくさんのものに貫通されているのだ。

わたしたちの身体をいま誰かが通り抜け、そのために気分が変化したとしても、誰かが通り抜けたことにはわたしたちは気がつかないのだ。

地球内部の12の世界というのは、星雲界に飛ぶよりもはるかに身近で馴染みやすい。しかも古い時代からの馴染みなので、何かの拍子にそれに触れたりもする。だが、触れたとしても、この世界の合理性や連続性に少しばかり破綻が生じるだけなので、「おかしくなった、何かちょっと勘違いした」というように、情報は枠外に追いやられる。つまり、わたしたちが目にすることがないよう、わたしたちも努力しているというわけだ。

この地球上にある他の世界へのポータルは、土地の破綻、時間の切れ目などにある。以前、大阪のホテルで夜中寝ている時に揺り起こされたいつもの心霊的接触も、このポータルとの接触とみなせる。姿が見えたそれは、始めはハトホルかと思ったのだが、共通点は長身でヌボーっとしていることだけだった。まず、それには男女の区別がない。その時は、ポータルでの出入りのしかたを教えてもらった。松果腺を取り囲む8本の管のうち、前後の筒が、そのままホテルの部屋に拡大された感じで、ここはトンネルの途中だとそれは言った。

生命の樹のマルクトとイエソドの間には階層があると説明したが、この七つの階層を音楽の音階のように半音で12個に分解もできる。いや、むしろ階層が七つの場合、それを世界の種類に分けると自動的に12になるのではないだろうか。そしてそれを見る、あるいは接触するには、マルクト的、物質的視界でなく、エーテル体を見るということができないと、わたしたちは貫通されたままそれに気がつかない。

12本のDNAの話にたとえると、わたしたちは12個の信号ラインのうち、2個の信号パルスだけが目覚めている。それ以外の信号パルスも体験してはいるが、それについては抵抗体がないために、それを知覚として捉えることができずに素通しになる。わたしたちは、強い緊張によってわたしたちの世界に没入しているので、それ以外に目を向けることがない。これはもっぱら教育によるもので、明治時代以前はもっと開かれていたはずだ。

先の大阪のわたしの宿泊したホテルは、たまたま天神橋筋で、活断層の上を通っていた。つまり、大地が脆弱になっており、物質界の脆弱な部分はエーテル体が活性化する場所だということを考えると、他の次元とのポータルになりやすい場所だったというわけだ。

異次元地球への接触

他の世界に接触するには、次の2点に留意するといい。

1　ポータルの場所、あるいは時間を探す
2　それに気がつくように、エーテル体視野を獲得する

以前は、あちこちに出かけ、そこでヘミシンクを聴いてみるというのをお勧めしていた。ほぼ100パーセント、情報は獲得できるが、これはその人の配分しだいで違いはある。配分しだいというのは、この世界に対する没入度の程度のことだ。この世界で期待するものがある。したいことがある。まだ未完成でそれが気にかかる。この世界に住んでいるある人に興味がある。そんな時には、もちろんこの世界にエネルギーを降り注いでい

るので、他の世界を察知してもそれは印象も薄く、気のせいで終わる。

　年齢の関係もある。わたしのような年齢は林住期*でなく、遊行期*であり、すでにこの世での野心というのがあまりない。そういう場合は、別世界ということには、大変に興味が行くし、そもそもそれを拒否する理由が内的に存在しない。わたしは土星期*で、海王星が合なので、常に自分の傍に海王星が寄り添っていて、これは常に異次元の人がぴたっと張り付いているということに等しい。この海王星は天秤座の後半であるために、いろんな人が紹介され、友達の輪みたいに死者や自殺者、異次元の人、宇宙人などがつながる。

　子育てで忙しいというような境遇の人が、このポータルを活用したりすると、よくないことにもなる。アーユル・ヴェーダの考えだと、妊婦は井戸の底も見てはいけない。なぜならそこから〝貞子〟が上がってくるからだ。リアリティの比率は、この世界と違う世界の間で割り振られるので、この世の比率が高いほど、違う世界にはリアリティを感じなくなる。人間は慣れ親しんだ世界のほうを現実とみなすのだ。

＊林住期／遊行期
ヒンドゥー教における人生の区分で、次の四つに分けられる。学生期＝師のもとで学ぶ時期。家住期＝家庭を築く時期。林住期＝隠棲して修行する時期。遊行期＝自由に遊行する時期。

＊土星期
西洋占星術における人生区分。10個の惑星によって次のように分けられる。

☽	月期	0〜7歳	♃	木星期	46〜55歳
☿	水星期	8〜15歳	♄	土星期	56〜70歳
♀	金星期	16〜25歳	♅	天王星期	71〜84歳
☉	太陽期	26〜35歳	♆	海王星期	85歳以降
♂	火星期	36〜45歳	♇	冥王星期	死の瞬間

また、生きている上で不足か不満があることで精神世界に向かう人は、この不満が解消されると急に関心を失うというケースがあるが、これはそもそもが追及の姿勢にかなり偏りがあるので、正面からまともに取り組む資質を持たない。

この地球の異なる次元では、星雲界との通路がすでにできていることが多い。なぜならば、太陽系外知性は地球に数多く入り込み、たくさんの子孫を作ったからだ。この過去の記録は、異なる12の世界を斜めに横切った、いわばそれぞれの関連の紐になっている。歴史の逆回しは、そのまま星雲界とのつながりになる。地球における異なる世界は、今のわたしたちと時間の流れ方が違うと考えてもいい。聖書の地球創世記の初めに昼と夜があったという1日目は、地球の歴史からして、むしろずっと新しい時代のことであり、けっして創世記などではない。これは聖書に関係する民族の創世記であり、地球に来て彼らの歴史が始まったという段階のものだ。わたしはこの昼と夜の創成というのを、プレアデスからもたらされたものだと考えている。昼と夜に二極化し、この二つの間に七つが作られた。つまり、1週間が作られたのだ。この昼と夜がない、異なったスタイルの地球生活もある。それらのすべてが、12のコスモスの中に記録されている。

地球にある異次元地球へのポータルは、大地の亀裂、つまり事故多発地帯ということになりやすいのだが、昔から日本ではこの境目を「サカ」と呼ぶ。裂ける場所であり、避けるべきである場所ということだ。最初はきっとヨモツヒラサカ（黄泉比良坂）から始まったのだが、「坂」でもあり、また「ｓａ」プラス「ｋ」の結合音と言われているので、桜などもこれに関係する。

たとえば、わたしが日々のランニングでよく通っていた紀伊国坂（東京の赤坂見附付近にある）で、わたしは記憶を失うことが多かった。そこを通り過ぎた後、そこを走ったという記憶が消えてしまうのだ。記憶がなくなるのは、違う信号ラインに行ってしまい、それまでの場所での信号ラインの連続性が断ち切れてしまうということだ。ある日、その紀国坂に残る*むじな伝説、つまり顔のない人間（のっぺらぼう）が出て人間を驚かせるという話に似た夢を見た。いや、夢なのか、それともまたいつものように

＊むじな伝説
小泉八雲の『怪談』の「貉（むじな）」に、目も鼻も口もない妖怪が登場するが、その場所が江戸は赤坂の紀伊国坂だった。

半分起きていてそれを見ていたのかは覚えていない。江戸時代のような着物姿の女性が顔を伏せていて、その女性はわたしのほうを見ようとしない。「なぜ？」と思ったのだが、要するに彼女には顔がないからだ（紀伊国坂は急激な坂なので、ランナーたちから心臓破りの坂と言われている。しかしここを走っていたおかげで、わたしがホノルルマラソンに参加した時には、山の登り坂は、わたしにはほとんど平地にしか見えなかった）。

エーテル体が濃すぎると目が見えないのか

マニラで自殺者と会っていた時、眠りそうになるとどうしてあれだけ激しくベッドが揺れたのか、今でもよくわからない。東日本大震災を東京で体験した時の揺れよりも大きかった。地震の揺れはゆっくりとしていたが、ベッドは痙攣するように揺れた。それは自殺者がわたしを起こそうとしていたのだが、眠ってしまうと人はアストラル界に行く。自殺者Ｃｒは、アストラル界にはまだいけない。なぜなら現世的なところに関係して、わたしに用事があるのだから。しかし物質世界になると、わたしがＣｒを認識しない。それで、眠らないように、しかし完全に起きてしまわないようにして、中間状態、つまり自分が今いる場所に食い止めようとして揺すぶったのだ。つまり「行かないで」と言って、わたしの体をゆすぶっていたのだ。閉じ込める、すなわち振動の固定だ。物理的な世界では、閉じ込めるとは空間的に閉じ込めることである。しかし振動の世界では、閉じ込めるとは周波数固定というような意味となる。エーテル界はおよそ7段階の濃さがあるとみなすと、Crの身体は、空気の中ならどこにでも行けるというレベルではなく、それよりは濃かった。エーテル界は低いほど物質に近く、物質的に影響がある。これについては以前、研究会をしていた時に参加者に体外離脱の練習をしてもらっていたのだが、ある人の幽体は肉体で歩くよりも遅くしか進めなかった。食生態学者の西丸震哉*も体脱の達人だったが、旅先から体脱して自宅に戻ったところ、廊下に置いてあった洗濯機に足をぶつけて痛かったと書いている。彼の旅行中に奥さんが洗濯機を買い、廊下に放置しておいたのだそうだ。つまり、物質を通り抜けられないくらい濃いエーテル体だったのだ。生きている人がこんなことを

*西丸震哉
1923～2012年。農林省を退官後、食生態学というジャンルを確立。自分が体験した霊現象についての著作も多い。

するると体を壊す。いわゆるエクトプラズムなので、これが抜けると死んでしまうのだ。

いまだにわからないのは、わたしのエーテル体がベッドが揺れたように感じたのか、それとも実際にエクソシストの映画のようにベッドが揺れたのかだ。実感的には、実際に揺れたような気もする。そして音も激しかった。雷鳴のようだった。ハワイのカフナ*などでは呪術は物理的に影響を及ぼすところまで行くということだ。たとえば死んだ人の胃に古釘がびっしりと詰まっていたというような話があるのだ。この濃さを呪術師自らが作り出せないために、カフナでは死体を使う。死後間もない死体は魂魄の魄の部分の濃いものを残している。つまり意識と肉体をつなぐ魄の濃いものは、意識によって物理的な領域に働きかけることのできる触媒だ。死者はもう魄を使わない。アストラル界に旅立ってしまったからだ。呪術師が自分の魄を使ってしまうと呪術師の生命そのものが危機に瀕するわけだから、どこからか持ってくる必要がある。それが、死体というわけだ。日本は火葬なので、こういう捨て置き部分は一気に片づけられてしまう。

＊カフナ
ハワイ先住民たちの伝統社会における神官や医者などのことだが、特に古来から伝わる呪術、または呪術師のことを指す。

ただこのエーテル体の濃さは自分で調整できるように思う。というのも、わたしが体脱した際の体験だが、寝室の壁を通り抜けようとした時に、もしここで止まったらこのまま壁に閉じ込められてしまうのかと一瞬考えただけでだんだん自分の動きが鈍くなり、壁の抵抗感が強まり始めたので急いで通り抜けたことがある。この時には、そのように思うことでエーテル体が濃くなるという感じがした。

この時、いままで自分が体験したものとは別格に濃いところで体脱したことは始めからわかっていた。重くねっとりしていて、目を開くのが難しい。西丸震哉は、体脱しても目が見えないと言っていて、この濃い体脱だからこそ放置された冷蔵庫にすねをぶつけたのだ。目は遠いところを見る。濃い体脱では、そういう視野が開かないのではないだろうか。ちなみに、わたしの個人的な見解では、フローティングタンク*はこの濃い領域に働きかけるように思う。

月の外化というのは、月の振動を内面でなく外面的に対象化する、いわば吐き出すということだった。エーテル体をもっと振動密度の低い、濃い

*フローティングタンク
110ページに登場するジョン・C・リリーが開発したアイソレーション・タンクのこと。音や光を遮断したタンク内に人間の身体と同じ比重の液体を入れ、そこに人間が浮かぶことで、感覚への刺激を遮断し、変性意識状態を作り出す。

ところまで管理するというのは、月の身体の密度を上げることに関係する。月の身体というのは、すでに説明したように、死後の身体のことだ。空気のあるところどこにでも行ける身体と、まだ肉体から離れきれていない結果として、ダバオからマニラにまでしか行けない身体がある。

シリウスはこのようなものをすべて技術的なものとして考える。比較すれば、プレアデスは道徳として考えるのではあるまいか。危険なものを見た時、プレアデスは近づかないようにする。シリウスは、どういう仕組みなのか解明して活用しようとする。七つの秩序をキープするというのは、道徳、道、ルールなどをずっと維持することだ。シリウスは、探求することで、時にはそれを壊してしまうことがあるのではないだろうか。

イエソドとマルクトの間のエーテル体の濃度の階層性については、わたしたちがいつも見ているこの世界をマルクトとみなし、この腰の位置に複数のエネルギーの層があり、このどれかを腰から脊髄を通して上昇させ、松果腺にぶつけて前方のスクリーンに映像化する。つまるところ、映像化して見えるものとは物質性なのだから、それはもちろんイエソドからマルクトまでの間にある。それよりも上位の中枢はすべて精神作用に関係するものなのだから、映像を見るとは、このイエソドとマルクトの間のどれかを、「松果腺が同調して」、つまり引き上げて見ているということになる。いわば、いくつかのラジオ放送の周波数があり、これらのどれかにチューニングするということだ。わたしたちはいまのところ、この地球世界にチューニングしている。幼児の時にはこの地球世界にチューニングしきれていなかったという記憶があり、解像度の低い、かなり狭い視野で見ていたことをわたしは覚えている。そしてパニックになって叫ぶと、この映像が途切れてしまうという耐久度の低い体験をしていたのである。

仲介者としてのリリス

素粒子に入り込むことで原子という枠組みの根底にある二極性を乗り越えることができると先に書いたが、それに関係するこんな質問を受けたことがあった。

《ある人がエーテルセックスというのをしている、と言っていました。彼女には、忘れられない男性がいて、自分のツインだと思っています。色々なツインの文章を読み漁り、独自の解釈をしていて、自分が精神的に成長した時、その人が迎えに来てくれると信じていて、それがそろそろではないかと思っているようです。彼女は時々、その彼の存在を近くに感じるそうです。そういうときに、彼とエーテル体の領域でセックスをするそうです》

ここでは相手の男性が物質的に戻ってくると女性は信じている。この段階でエーテルセックスも意味をなさなくなる。それは単に代替的な手段、性的妄想を抱いたことにすぎないからだ。太陽系的二極化は、惑星が一方方向にしか回転しないことだけでなく、男女という区別もまた作り出す。ということは、星雲界には男女という区別がないということにもなるが、恒星は一人虚空で輝くということならば実際に男女はない。男女の区別は、内部に惑星を作り出すことで初めて成り立つものなのだ。

このエーテルセックスをしている女性にとっては、物質界というものがエーテル界よりも上位にあって、物質界は真、エーテル界は偽、あるいは随伴機能という定義になっている。やはり実際に本人が物質的に来てほしい。エーテル的な領域でセックスするのは物足りないと思っているのだ。本来なら、実物の本人はずっと来なくていいと思うべきなのだ。

エーテル体が偽であり、物質体が真だと、エーテル物質は何一つ物質に対しての浸透力を持たなくなる。原子の障壁を突き抜けないし、自由電子は自由電子ではないことになる。

星雲界は単独性が高く、アレイスター・クロウリー*が「すべての男女は星である」と言うように、星とは「star（恒星）」であり、「planet（惑星）」ではない。性と愛を一緒にしてしまったという弊害もあるかもしれない。そもそもこの二つはまるっきり別物で、性は植物的で、愛は動物的だ（多くの人は反対に考えているかもしれないが）。二つを混同することで、すなわち感情センターが性センターの力を盗み出すことで、地球上では多くの不幸が生まれ、愛は汚されてしまう。

＊アレイスター・クロウリー
1875～1947年。イギリスの魔術研究家。『法の書』『ムーンチャイルド』など多くの著書が日本でも読むことができる。オジー・オズボーンの曲『ミスター・クロウリー』のモチーフともなった。

タントラ派後期の、実在しない相手とのセッションというのは、二極化を統合化するためには役立つ。それは物質界への降り口のドアの一つを閉じてしまうことでもある。それでもまだドアはたくさんあるが。

大英博物館に、夜の女王のレリーフ「バーニーの浮彫」が保管されている。これは古代バビロニアの女神イシュタルと言われているが、これをリリスと言う人もいる。わたし自身はリリスではないと思うが、これにリリスを重ねてみることは可能だ。わたしが興味を持つのは、「足が鳥の形で、樹の中腹に住み」というレリーフの記述だ。つまり彼女は大地に降りてこない。これはギルガメッシュ叙事詩の中にある内容だと思う。

そもそもリリスは、空気の中に住み、大地に降りてこない。このような存在形態はキリスト教によって邪悪なものとみなされて徹底的に否定され、リリスがやってきて誘惑するので男性を家に一人にしてはいけないとも言われた。キリスト教にとっては、イヴの世界で

▼バーニーの浮彫

あることを物質世界に集中することが大事であり、そのためにアダムの最初の妻であるリリスを吸血鬼として定義したのだ。

地球には12の次元があるという観点からすると、この一つの世界から違う世界に興味を向けるときの仲介者としてリリスを再評価してもいいのではないかと思う。占星術では、リリスは月の遠地点アポジーのことだが、これにこだわるとリリスの意味が見失われてしまう。つまりここでは〝地球に下りてこない月〟という意味だ。

エーテル体は月に照応する。月のレベルでは存在するが、物質レベルでは存在しないということだ。これを明確に認識するというのは、リリス的なものを認識するということである。キリスト教においてリリスを邪悪だとするのは、気の中に、すなわちエーテル体の中にあっても物質的に存在しないものは邪悪なものであると定義するに等しい。それは「足が鳥の形で」大地には降りてこないものである。

古代シュメールにおいては、レプタリアンの血筋が女性を通して伝わることをユリの花で象徴しているので、リリーやリリスという言葉はこ

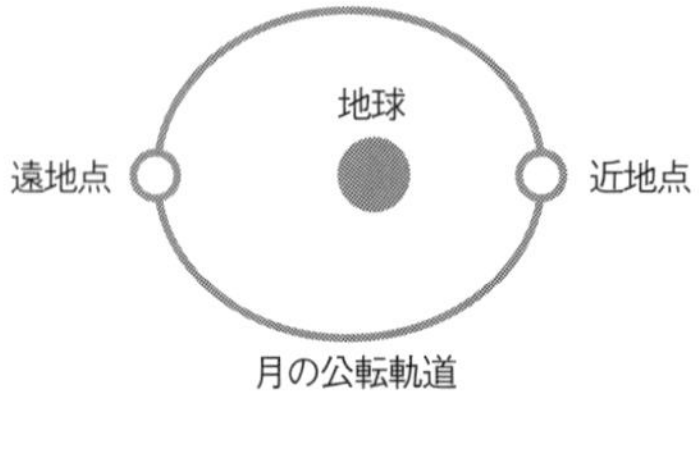

のことに関連しているのではないかという説がある。このレプタリアンは、ドラコ族関連の旧支配者のことだ。ミラ・ジョヴォビッチが主演した映画『THE 4TH KIND フォース・カインド』は、シュメールの記憶が刺激されるたびに人々がパニック状態に陥ることを描いたものだとわたしは思っているが、これは、洪水以前の記憶を封印するための無意識の深部から表面につながる通路を、キリスト教によって作られた価値観や脳作用が禁じたことが背景にある。この古い記憶が刺激されると、人々はパニックになるのだ。キリスト教がリリスを邪悪だと定義しなければ、こうした記憶は比較的スムーズにアクセスできるはずだった。西欧人はドラコ族、レプタリアン、龍蛇族が嫌いだし、邪悪だとみなす。しかし、日本人などの東洋人やインド人はまったくそう思わない。そもそも子孫なのだから。インドで七つの蛇の頭と蛇の下半身を持つ不気味なナーギニーの人形が好まれていたり、長野県の諏訪地方でミシャグジという蛇神が祭られている所以だ。

リリスとも女神イシュタルとも言われている大英博物館の「バーニーの

浮彫」は、シュメール神話ではイナンナと呼ばれ、ギリシャ神話のアフロディテの元型となった。アフロディテは性愛の女神と言われているが、リリス的な面がクローズアップされるとそれは不毛の性愛になる。つまりは陰陽のセットがいったん無になり、違うコスモスで陰陽化されると考えてもいい。この性愛的な意味で言えば、一つの世界を守るのがイヴならば、複数のコスモス、つまり複数の陰陽関係ということがマルチ世界に結びつくのかもしれない。性愛的なものが陰陽の固定化を作り出すのならば、チベットの後期タントラ派のように、非物質的な異性とタントラ的修行をすることは、一つの地球世界に着地せず、違う世界につながる扉を開きやすいと言える。これをクロウリーは大いに利用しようとした。つまり〝月の子ども(ムーンチャイルド)〟*を作ろうとしたのだ。だが、相手が普通の肉体を持つ女性なら、地球の子どもができてしまう。

そこでまた前の話に戻るが、ある女性がエーテル体レベルで、以前別れた男性と性的交流をするということを繰り返していたが、やがてその男性が戻ってくると信じ、その気配を感じるということだった。この場合、物

*月の子ども
アレイスター・クロウリーが小説『ムーンチャイルド』の中で描いた錬金術的人造人間のこと。女性の妊娠から出産に至る過程で、さまざまな錬金術的手法によって異界の霊的存在を懐胎させ、人工的に作ろうとしたある種の超人のこと。

質的に、現物として、その男性が戻ってくることを期待するということと自体が、今のコスモスに縛られてしまうことを意味する。違うコスモスにアクセスするとは、この世に存在しない相手と結びつくということだ。

異性関係とは、世界の入り口である。それは松果腺を下垂体と接続し、思春期まっしぐらのコースを作り出す。体型が変わり、発情し、そしてこの世界に参加して有用な存在となる。イシュタルが神聖娼婦の守護神と言われているのは、おそらくこの複数の地球コスモスを許容していることを暗示している。それは一神教として、一つの地球世界だけが重要なキリスト教からすると、我慢がならないことだったろう。

chapter 7

スピカ

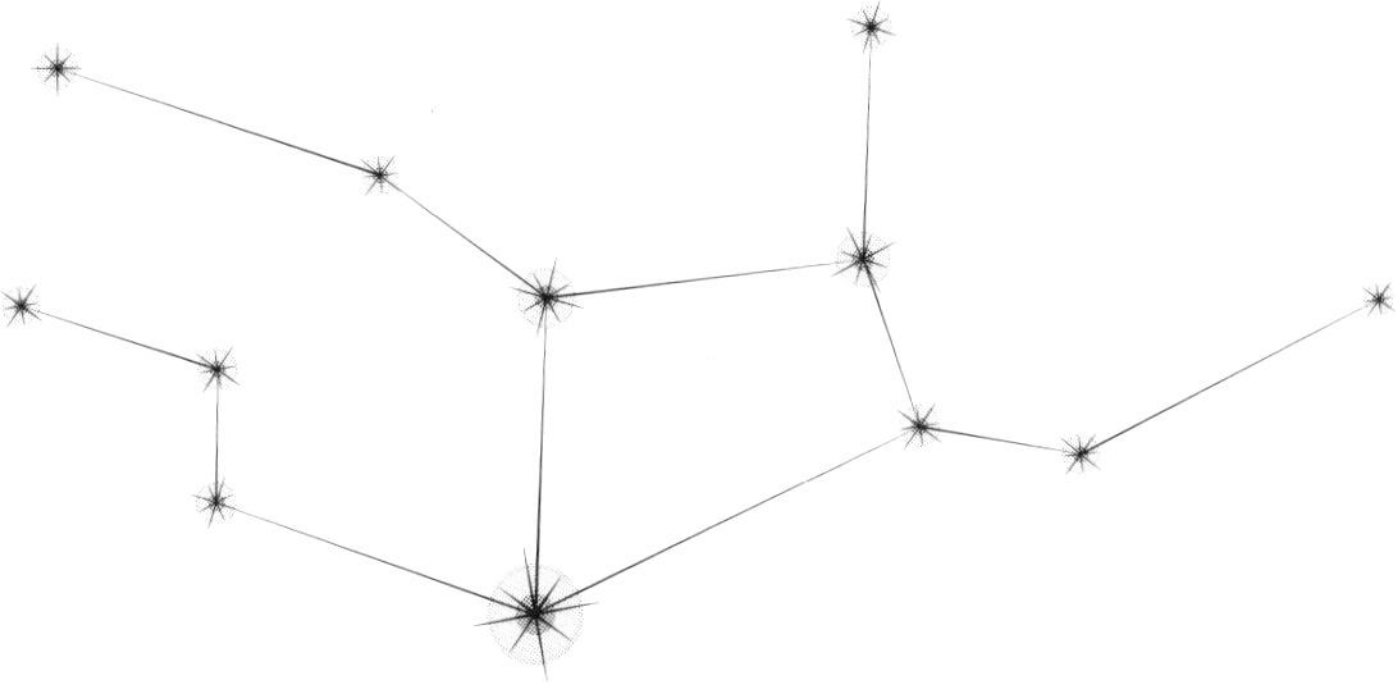

恒星の位置の計算

星雲界の旅をする時に、わたしが提示している定番のツアーを行く場合は、入り口の南十字、カノープス、ケンタウルス、シリウス、プレアデス、オリオン、アンドロメダ、北斗七星、北極星の順番になる。北極星の探索は複数必要なので、時間はかかる。

またこのツアーコースの中で、抜け道的なもの、たとえばアンドロメダの通路としてアンタレスを使ったり、アルクトゥルス―プレアデスのラインや、アクトゥルス―ミンタカのラインなどは宇宙民族の変遷の道筋で、これらも必要なことだ。

その次に個人的に馴染みやすいものを探すということでは、わたしの言い方だと太陽を中心にした「世界の卵」のマップの中で、惑星に対して黄経で重なる恒星を探すのもよい。個人的にはこれはフィットする。たとえば、わたしの木星はアルシオンと近いのだが、木星の年齢域が始まった46歳から巨大なアルシオンのエンティティとの接触が始まった。

アルシオンには通常のプレアデス人だけでなく、ドラコ族と親密なグループもあると言われているが、それはアルシオンと*アルゴルが混じったからではないかと思う。アルゴルは、しばしばリリスと同一のものと言われていることもあり、また女性のクンダリニを象徴するとも言われる。西欧ではしばしば凶悪な星という扱いを受けているのが、これはキリスト教的な信念体系によるものだ。

天体の3次元的な配置は、占星術アプリであるソーラーファイアでヘリオセントリックを選んでプラネタリウムを作ると、惑星に重なる恒星を探すことができる。ブレイディのものであれば64個程度なので、数も多すぎず、わかりやすい。だが、ソーラーファイルは価格が数万円もする。このためだけに、お金を使うのはもったいない。無料のastro.comでも、ヘリオセントリックで惑星の位置座標を計算し、それぞれの恒星の一覧があれば、それを自分で紙に書いて考えるということも可能ではないかと思う。太陽を中心にした視座ということでは、太陽はグルジェフ水素でH12、恒星の立場としてはH6。つまり、惑星をぶら下げた不安定な状

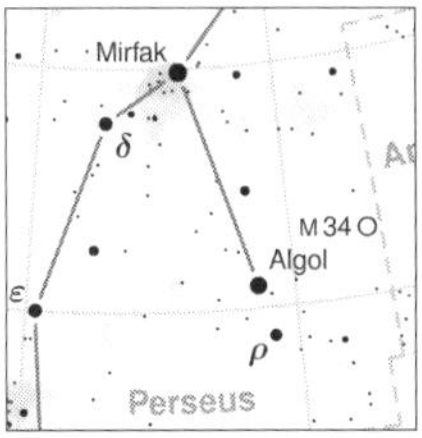

＊アルゴル
ペルセウス座β星。

態ではH12扱いとなる。

　もう一つの方法として、恒星パランがある。これは古代ギリシャの考え方で、地球から見て恒星が惑星とともに上がることを意味する。同じ生年月日の人で、同じ地域であれば、だいたい同じパランになる。しかし恒星意識はH6意識で、その人がそれを発達させなくては接点にはならないので、同じ配置であるというだけで等しくその恒星と共鳴するというわけにはいかない。ただ、地球から見て、すなわち肉体的な存在として恒星との関わりを考えるのは、ヘリオセントリックのような太陽中心とは違うメリットがある。肉体には血筋などがある。こういうところと結びつく恒星を考えることは、さまざまな考える材料を提供してくれる。太陽中心。地球中心。この2点のところで比較しながら、探索するのはとても興味深い。この恒星パランは、astro.comで計算できる。左ページに掲載したのは写真家のｈｉｒｏｍｉｘのものだ。

　彼女のデビューは若いので、Stars Risingで見ると火星にハマル*とミルジム*が重なっている。ハマルは新規開拓。そしてミルジムはメッセージを

＊ハマル
おひつじ座α星のこと。おひつじ座で一番明るい恒星。アラブ語の羊を意味する「アル・ハマル」に由来。

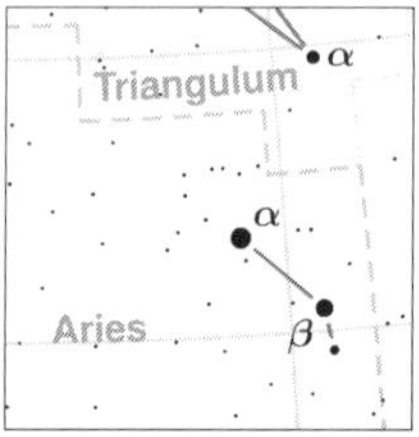

＊ミルジム
おおいぬ座β星のことでミルザムとも言う。

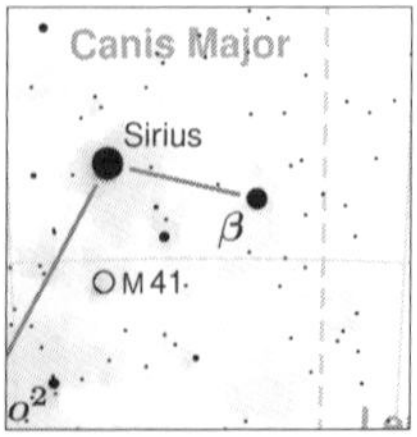

携えたうるさく吠える犬で、作品を量産したりする。どうしても伝えたいことがあるのだ。すでに書いたが、恒星は能動的な作用で、このハマルとミルジムがあるなら自分も同じことができるのかというと、そういう考えかたは通用しない。恒星意識を開発すれば、そのようになるということだ。

たとえば、わたしはStars Settingの位置に太陽とミルジムが重なっているので、定年退職後の年齢、つまり今ごろから、ずっとうるさく吠える犬になってしまい、書き続ける行為が続くことになる。それぞれが惑星作用と結びつき、惑星にバイパスされて地球

Natal Chart (Data Sheets)
for Hiromix, 24 Sept. 1976

Heliacal stars and parans according to Bernadette Brady
Star list: B.Brady (64 stars); Orb for parans: 0°30' in RA; for position at axis: 1°00' in RA
Method: Real parans between two sunrises

Your heliacal rising star: Alkes (2 days earlier)
Your heliacal setting star: Deneb Adige (3 days earlier), Markab (3 days earlier)

Stars Rising ("Stars of Your Youth")
☽ Moon Diadem (Rise-Rise, 0°17')
♂ Mars Hamal (Set-Rise, 0°01'), Murzims (LCul-Rise, 0°10')
♃ Jupiter Ras Alhague (Set-Rise, 0°22')
♄ Saturn Rukbat (Set-Rise, 0°18')

Stars in Culmination ("Stars of Your Prime")
☉ Sun Alpheratz (LCul-Cul, 0°17',cp)
♄ Saturn Polaris (Rise-Cul, 0°20')

Stars Setting ("Stars of Your Latter Years")
☽ Moon Betelgeuse (Cul-Set, 0°07')
☿ Mercury Deneb Adige (Rise-Set, 0°23')
♂ Mars Mirfak (Cul-Set, 0°06',cp), Spica (Set-Set, 0°26')
♃ Jupiter Saturn (LCul-Set, 0°18')
♄ Saturn Antares (LCul-Set, 0°07')

Stars in Lower Culmination ("The Hearthstone of Your Life")
♃ Jupiter Fomalhaut (Set-LCul, 0°14'), Acubens (Rise-LCul, 0°24')
♄ Saturn Jupiter (Set-LCul, 0°18'), Mean Node (Rise-LCul, 0°12')

に降りてくると考えると、このパランは地上においての活動や職業などにも影響があると考えてもいい。

ｈｉｒｏｍｉｘの図で面白いのは、ヘリアカルライジングにアルケスがあることだ。このヘリアカルライジングとは〝太陽とともに上がる〟という意味で、つまり太陽と働きが重なることになる。古代エジプトではこれは非常に重視されていたし、そもそもエジプトは犬の日、つまりシリウスがヘリアカルライジングだ。ｈｉｒｏｍｉｘの場合は、特別なギフトを持って生きるということになる。虹の下の金の壺を持っている人ということだ。

また、活動期のカルミネーションでは、太陽はアンドロメダ座のアルフェラッツに、土星はポラリスに関係する。これは葛藤にさいなまれることを意味する。太陽はその人の創造的な活動である。そこではアンドロメダ座の作用が働き、自由で有能な仕事のできる女性という傾向が出てくる。一方、ポラリスは現代の北極星で、西暦２１００年頃にもっとも高いところに位置する。ポラリスと北斗七星はドラコ族のグループに属していて、これはポラリスがもっと中心に近いところに入る未来において、地上ではドラコ族の支配がもっとも強まることを表す。それを嫌って退去勧告がされているのが、アルフェラッツなどというわけだ。

太陽は活動力を表し、そして土星はその太陽を外側からキューブ状の箱に入れる作用をする。土星は太陽を死なせるのだ。これは、ポラリスがアルフェラッツの行動を縛ることを意味する。そのため、ｈｉｒｏｍｉｘの活動は妨害されたりもする。

支配原理としての北極星がポラリスでなく、たとえばデネブなどならばアンドロメダと親和性が高いので、デネブは自由保護地区を作り出す。そして外敵が来るといきなり攻撃的になるのがデネブだ。幽閉されたアンドロメダ（土星に閉じ込められた太陽）であっても、デネブの保護があればアンドロメダは苦しくない。

このような星雲界の星雲界的カルマ、ドラマが、恒星パランでは惑星に重なって地上の存在に「写し込まれる」のである。地上の肉体や惑星のセットに実体があるわけではない。惑星は光を与えられて動いているにすぎない。存在のコアは常に星雲界にあり、それが息を吹きかけられた土塊に一時的に写し込まれるのだ。

わたしはよく芥川龍之介の『蜘蛛の糸』をひきあいに出すが、地獄にいる主人公カンダタ（犍陀多）の元にお釈迦様からの糸が降りてくるというのを、このパランという通路にたとえるのも面白いのではないかと思う。ヘリオセントリックはお釈迦様の視点で、恒星パランはカンダタから見た視点だ。

たとえば、定年退職後のわたしの年齢では、太陽にムルジム、金星にスピカがある。ムルジムはメインの活動として、いつまでも書き続け、メッセージを伝え続けるという点で恒星との蜘蛛の糸ができる。もう一つの金星のスピカでは、絵を描いたり写真を撮ったりするのはどうかと思ったのだ。スピカは芸術あるいは美だからだ。これは実際に試みているが、どうも長続きしない。

ムルジムは、吐き出し続けることでさらに吐き出したいという意欲が生まれる。ここで、高次思考センターが刺激されるきっかけになる。たとえば、本書のような内容のことを日々書いていると、松果腺が寝ている子どもが忙しく寝返りを打つようにごろごろと動くのがわかる。圧電物質のようなものなので、信号が来ると揺れ動くのだ。

恒星パランを使う

頭の中心の8方向マトリクスであるアンタレス・マトリクスは、それを毎日意識し、刺激し続けることが大事で、そのためには肉体の投影された恒星パランをきっかけに使うことも考えられる。つまり、わたしが〝吠える犬〟として毎日書き続けるようにである。恒星に休止はない。一方で、惑星は公転するが、この公転の中には四つのポイントがある。春の種まき、夏の成長、秋の刈り取り、冬の保存だ。これは活動したり休んだりという四季の動きのことだ。惑星上の人生は必ずこのプロセスをたどる。しかし、恒星は時間経過を決まった形で作り出さない。自身の意志で、時間を空間であるかのように歩くのだ。そのため、ムルジムを例に挙げると、休憩なしで休まず吠え続けることとなり、惑星の四季の流れに飲み込まれずに、惑星よりも恒星力のほうが優位になるということになる。

　惑星はグルジェフ水素ではＨ48で、恒星はＨ6だ。Ｈ48は通常の思考であり、Ｈ6は高次な思考だ。通常の思考は新しいものを編み出したり、発見したりすることはない。一方で、Ｈ6はそれを作り出す。だから、惑星上の時間経験に従うことは、人生を作り出すということにはなりにくい。自転車の速度で回転する世界で、自転車の速度にあわせて人生を過ごすほど退屈なことはない。ここで速度に差が生じて、何か別な局面を自ら切り出していくには、回転する世界よりも速度の速い活動が必要になる。これは地球上では積極的に人生を切り開く人ということとなり、その人はＨ24の速度で活動している。Ｈ24に最終的に自信を与えるのは、自灯明で共鳴するＨ6だ。人生を流されず、自分で切り開くというのは、多くの人が意識することだと思うが、真の意味で新たに切り開くことができるのはＨ6に力づけられたＨ24なのだ。

　余談だが、わたしの恒星パランには木星にアルファード*も重なっており、アルファードは恐怖体験のようなものだ。わたしの心霊体験が、たいてい

＊アルファード　うみへび座α星。アルファルドとも言う。

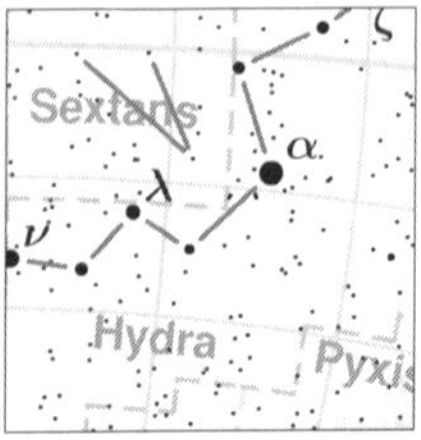

の場合が恐怖体験なのはそのせいでもある。たとえばスティーヴン・キングでも、彼の作家活動はアルファードに支えられている。惑星の四季のスピードに同調するのではなく、アルファードに向かって走り続けることで惑星への優位性が生まれる。惑星時間に受動的に飲み込まれないのだ。スティーヴン・キングは、たとえば『ペット・セメタリー』*でも、アステカの旧支配者の雰囲気を上手に描いている。恐怖というのは、ホメオスタシス的共鳴作用を切り裂いた時に反応する感情のことだ。だから、わたしもアルファードの影響を受けるのでなく、アルファードに向かって走り続けるのがいいのかもしれないと思った。キングのように、怖いほうへ怖いほうへと休みなく走ることで恒星力としての高次思考センターの力が身につくよう、恒星パランはちょっとしたきっかけを与えてくれる。この章を書いている今、わたしはインドネシアのジャカルタにいるのだが、数時間前にやはり怖い体験をした。しかし〝アルファード道〟は、木星の活動の増加ということを通じて追及されていくので、もっとこういう体験を増やしたほうがいいのかもしれない。それではスティーブン・キング的なネタが

*ペット・セメタリー
スティーヴン・キング自身の脚本で映画化もされたホラー小説。呪いの力による死からの生き返りを描いている。

どんどん増えてしまうが。

　アルファードはうみへび座のα星で、もともとは恐怖体験というよりも、若々しく乱暴な生命力を表していて、枠に入らず、その反対に常にその枠を壊そうとする。それは放置すると爆発するので、特定の方向でずっと表現し続ける必要があるのだ。

　脳波では日常意識がベータ（β）波で、これは緊張し、個体の中に意識が閉じこもっているという状態だ。アルファ（α）波では、少しリラックスして緊張がほどける。シータ（θ）波では明らかに意識が身体から外へと拡大する。その時、個人ではない領域の印象を見たりする。今の時間、今の空間ではないところからやって来る情報だ。

　これはバイノーラルビートなどでシータ波の状態に入ると、意識が身体から離れて、魂の部分で、あるいは霊で知覚することを示しており、この時、ヘリオセントリック（太陽中心）の視点、ないしは銀河の視点という状態に入りやすい。

　ところが、恒星パランは地上の肉体に結びついていることが重要なので、

δ波	デルタ波	1～3Hz
θ波	シータ波	4～7Hz
α波	アルファ波	8～13Hz
β波	ベータ波	14Hz～

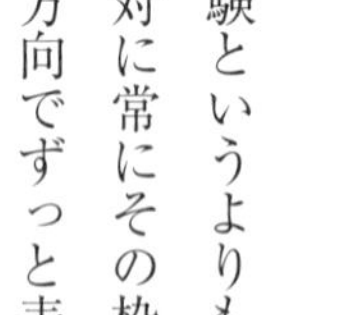

脳波としてはβ波的だということになる。パランを通じて恒星につながる糸を見つけ、それをたどることはベータ波からシータ波に推移するようなものだ。だから直接恒星に行くにはバイノーラルビートなどでシータ波になればいいわけで、それは地上的行為とは切り離されることになる。一方で、パランにおいてはベータ波的な活動からシフトするのであるから、地上的な行為を続けることで恒星領域へと突入するのだ。

たとえば火星とシリウスが結合すると、これは昔からよく知られている修験道となる。シリウスはオオカミを象徴にしているのだが、三峯神社*などはオオカミが御神体だ。御岳講*などもオオカミをシンボルにする。現代では、これはトレイル・ランニングに等しく、世界のランナーが修験道に興味を抱いているのはそのためかもしれない。これをわたしは〝火星・シリウス道〟と言う。火星の行為というものが休みなく行われ、惑星H48の時間を超越する時にシリウスが入ってくる。走らなければ、これはまったく機能しないのだ。

先にも書いたが、わたしはヘミシンクを知るまで、遺跡調査をする時は

＊三峯神社
埼玉県秩父市にある神社で、秩父神社、宝登山神社とともに秩父三社をなす。狼の像が狛犬の代わりをしている。

＊御岳講
長野県の御嶽山（おんたけさん）を聖地とする山岳信仰。信者の集まりである御岳講は江戸時代から盛んになった。

車で近くまで行き、車の中で頭のてっぺんから足先まで順次点検してリラックスしていくということだけをしていた。そうして金縛りの状態に入るのだ。この時には肉体から意識が離れるので、肉体のことを配慮しない。しかしパランは惑星の作用を通じて恒星を持ち込むので、それは肉体的に動き行動する中で持ち込まれることとなり、肉体から離れるよりも、それを意識しながらということになる。

わたしは、スポーツジムでトレッドミルを使いながらバイノーラルビートを聞いていたことがあるが、これは十分に使えると思った。この走りながら変性意識に入るのは〝火星・シリウス道〟だ。

人間は死んだら肉体を捨てる。その前に、恒星との図太い通路を確保しておかなくてはならないし、無防備で不注意だと自然的に太陽系輪廻システムの中でよさそうな場所に転送される。この死の際に、ぼうっとしていないで意識的になることが重要で、すると輪廻は横回転でなく、まっすぐに糸を張られた先の恒星に向かう。それは川の流れに逆らうことに等しい。

〝ぼうっとしている〟とは、惑星の自動的時間の流れに依存して、勝手に動いてくれる時間に甘えることだ。惑星の重力場の中では時間は一方向に進み、わたしたちはそれに甘え切っている。何も体験していなくても、時間がすぎると、今は朝だ、もう夕方だと、何か体験した気になる。

しかし霊界、つまり星雲界にいくと、時間は勝手に動いてくれない。あたかも空間を歩くかのように、時間を歩かなくてはならないのだ。死ぬまでにこの意識的に歩くということを習得しておかないと、死後、何百年も同じところにいる地縛霊のようになるケースもある。地縛霊は執着心が原因ではない。個人的な執着心にはそこまで継続できる力はない。時間の中を歩くということを、生きている時にまったく学ばなかった、つまり人生を自力で開拓しなかったからだ。自分で回せないのならば、また他の惑星にどうぞと、輪廻の中に入るのが通例なのだ。

恒星には独自の惑星システムがあるが、これはその恒星が眠りの中で夢見をしていることを表す。夢見るとは時間システムを作り出すことだ。恒星を高次思考センターと考えてみよう。これは民族霊としての大天使だ。民族一つが大天使一人に対応する。そして大天使は自分流の時間・空間システムを作り上げる。その中に細胞のようにして生まれるのが人類である。

太陽系の時間・空間システムは、他のどの星のものにも似ていない。だから、この太陽系に馴染みすぎてここでしか生きていけないのならば、何度もここで輪廻すればいい。しかし輪廻しすぎると、魂の質は低下する。浪人は長すぎるとやる気を失うのと同じだ。だが、すでに書いたように、地球には別次元の地球もある。これを考える時に、歳差活動の2万6000年を12分割したプラトン月の2200年を一つの単位にした、12個セットを想像してもいい。この12個は時間の中にあるとするのは、わたしたちが特定の考えで見ているだけで、それを空間的な違いと置きかえてもいい。時間と空間は交換されうる。重なった多次元的コスモスとして同時に存在していると考えることもできる。

恒星パランでは、生きて肉体的に生活している時に恒星につながる天国の糸を考えることになる。そのままでは決して開発はされない。決して主体は自分にあると考えないようにしないとならない。わたしたちは、主体は自分にあると考えた段階で孤立し、どことも接点がなくなってしまうのだ。

異質すぎる映像こそ正常

バイノーラルビートなどを用いてどこかの恒星に接触した時、人や建物などではない、まったく異質で表現しようのないものを見ることがあるが、実はこちらのほうが正常である。ほとんどの恒星の景色は地球とは似ても似つかない。生命の形態も、レプタリアン、人間型、龍型、半人半獣などはまだ受け入れやすいほうで、環境と生命の関係が地球人には想像だにできないものが多数ある。

先にも書いたが、2016年8月末、わたしが大阪のホテルでぼんやりしていると、鮮明な映像が見えてきた。それは、あえて地球のものにたとえるならダンボールのような材質でできていて、かつまた、モノの中に生命が混じっているという世界だ。映像はまるでテレビを見ているようにはっきりしており、ディテールもくっきりと見えた。これは自分の松果腺を意識した後だったからだと思う。多くの場合、松果腺を意識してぼんやりすると、こういう映像を見ることが多い。つまり松果腺がこの世界から引きこもり、違う世界につないでしまうのだ。どういう世界を見ていたのかは、自分がどういう「意図」を持っていたのかで判明する。意図はその人を運ぶからだ。しかし意図は、本人がそれを意識できていないことが多い。だが、そのころに何を考えていたのかを思い出せば、その意図が何かがわかるだろう。

異次元的な光景ばかりを見ていると、自分自身とどんな関わりがあるのか、その意味について有意義なものを見出せないと、だんだんと不毛で消耗する体験となっていく。

地球のように生き物がいて歩き、建物があってということを期待しないほうがいいし、すべてをこの地球の光景のように映像変換する人がいるが、それはわたしたちの頭の中にある解釈者が既知のものに変換しているだけなので、そのままのものではないということに注意しておくといい。どのくらい異質なものを受け入れられるかは人によって違う。おそらくわたし自身はかなり異様なものを受け入れられるようになっていると思うが、行き過ぎると生命の秩序、ないしは意味が崩れていくので限度がある。

初めてヘミシンクを体験した時にも上空にいた、銀色の服を着て人間の顔をした連合のエンティティを見た時、チープなSF映画みたいだと思ったが、それは脳が既知のイメージに翻訳しただけで、実際には目に見えた姿形とは違う実体がある。それはその後何度も登場したし、わたしに何を要求しているのかもはっきりとわかる。

でも、こういう既知のイメージに変換するのは、なにやら商業的な感じもして、だんだんと退屈する。映像には意味があって、自分にとっての関係性によって接触することが楽しいものになる。他の人が見ると楽しくないはずの大阪ホテルでの映像も、物質とは何か、物質と生命の境界線はどこにあるのかを考え続けるために、わたしには価値があるのだと感じられる。ダンボールのような世界は見ていると変化し、見ていないと溶ける。物質からすると、見られることは目覚めに向かうことを意味しているのだ。

映像を見るメカニズム

額の前にあるスクリーンに映像が映る際、その映像が鮮明で強いのは、腰から激しい流れが上がって松果腺で回折して前方のスクリーンに映し出される場合だ。腰には性センターのH12物質などがあるので、腰から上がってきたものがH12成分と考えると、これが頭のH6に向かって引き寄せられていくという構造となる。でも、これはエッセンスの要素となるコア成分であり、実際に腰から上がるものはH96のエーテル成分だ。H96は動物磁気の振動密度の物質で、へそから腰あたりにたっぷり蓄積されている。エッセンスとなるH12成分が頭のほうに興味を集中させることができると、そこに誘導路ができてH96成分が上がってくるのだ。

H12は身体の中にあるすべてに支配力を持っている。身体においてはこれが最終の物質で頂点的なものだからだ。それが地上にではなく、H6のほうに関心を持てば、他のすべての物質もこの〝上昇〟という方向性に追従しようとする。H6は星雲界の物質である。つまりこれは、太陽系の中での究極の物質H12が、星雲界に関心を持つという意味でもある。

この腰から頭に上がるエネルギーは、古い時代にはクンダリニの上昇とも受け取られた。クンダリニに対して否定的なグルジェフ式に言うなら、腰のH12が頭の上の外宇宙との扉に向かって行き、外に出て、また降りてきて松果腺の位置に新しいH6を定着させるという仕組みである。身体では、思考（印象）のミ12と身体のシ12が、それぞれ進化の限界に来て、付加ショックなしにはその先には進めない。一方で、降りてきたラ6が、そのままドの音に自ら変化して、思考オクターヴ（印象オクターヴ）と身体オクターヴをH6にまで上昇させようとする。

この印象オクターヴはH48から始まるが、このオクターヴもそもそもは外部からやってきたものだ。人間の心身は、身体、感情、思考という三つ組だとして、まずは身体があり、外から感情体としての空気オクターヴ、思考としての印象オクターヴがやってくる。つまり身体という物質的な存在があり、そこに似た性格の感情と思考が外部からやってくるのだ。

何かを認識するというのは、まずは科学者・自然哲学者の三木成夫が言うように〝舐めまわし記憶〟というものがあることが前提になるが、これは内臓の出先機関である舌が、たとえば丸いものをくまなく舐めまわして丸いものとはこれなのだと記憶するということである。もう一つは目で見たもの、手で触ったものなどの記憶が照合されるが、これは体壁系の記憶だ。舐めまわしは内臓記憶で、これを三木成夫は植物系と言うが、一方の体壁とは動物系の身体だ。これらは身体に備わる記憶として蓄積されるので、身体オクターヴに所属する記憶となる。

人間は三層で成り立つ生き物であるということは、身体、空気（感情）、印象（思考）という三つのオクターヴが同時に働くことで、はじめて活動できるということになる。これはそれぞれのオクターヴがそれぞれの欠陥を補完しあって働くということなのだ。

空気オクターヴも印象を受け取るが、これは思考オクターヴではないので、漠然とした実感として受け取る。たとえばモノは空気の中に空気を押しのけて存在する。モノは空気よりも振動密度が低く、物質密度が高い。そのため、空気を押しのけてというイメージよりも、空気を沈殿させて、そこに黒ずんだ死骸的なものとして存在するというほうが近い。モノが解脱すると空気に戻り、そこからさらに空気以上のものに戻る。空気オクターヴは、モノがこの空気を押しのけているとか、あるいは空気をもっと重たいものに沈めているというような印象で事物を認識する。身体が〝舐めまわし記憶〟ならば、空気オクターヴにおいては圧力感や波動的なものとして受け取っているのだ。つまり、これが感情作用だ。

犬や猫などの動物は二層で成り立つ生き物なので、身体オクターヴと空気オクターヴの二種類だけで生きているということになる。

人間は三層の生き物として、二層の上に思考（印象）オクターヴが関与する。このオクターヴは物理的なものからはずいぶんと離れているので、何かを認識する時にも概念のみで理解する。つまり概念思考である。わたしたちはこの概念思考がないと、さまざまな事象間に共通点を見出すことができない。たとえば翻訳は、言語は違うが同じ概念を媒介して行われる。また、工事現場に置かれた赤いコーンを見て、それが円錐型であると認識するのも概念思考だ。この概念の根底には図形や数字など、きわめてシンプルなものが基盤としてある。言葉も一つの記号だ。

動物にはこの思考オクターヴがないとすると、動物は舐めまわしと空気圧力感だけでモノを認識するので、朦朧としていて記憶の継続性がないということになる。というのも、何も分類できないので、細い鉛筆と太い鉛筆があれば、それは違うものであることはわかるが、同じ鉛筆という概念的な認識はできないことになる。

シュタイナーは、犬が主人が戻ってきて喜んでいる場合でも、主人を記憶していて喜んでいるのではなく、習慣化した行動として同じリアクションをしているのであり、その都度その都度記憶を失っていて連続性はないと断言している。とはいえ、おそらく脳科学的な視点からいえば、犬もある程度は人間と同じ生き物であり、記憶が継続していないとは言えないと思う。つまり動物は二層というよりも、三層目がまだ弱すぎるだけの話なのかもしれない。

思考オクターヴが概念思考であり、その根底にもっとも単純な祖型として図形や数字などがあるとすれば、身体内で極限にまで発達した印象オクターヴの頂点ミ12は物質的な図形でなく、ある種のイデアとして認識されることになるだろう。プラトンが扱っていた図形は、あらかた、これを意味しているのではないだろうか。世の中の事物で、この図形を正確に描き出しているものは皆無だ。波形にしても正確なサインウェーブは存在せず、すべて倍音を含んでいるので波形はひずむ。この「実際には正確な図形はない」という観察は、身体オクターヴと空気オクターヴから持ち込まれた情報であり、概念という思考形態に「正確には違うのだ」ということを教えようとする。思考は、感情と身体とにつながることで地上の事物を認識する。つまり概念の粗雑な現れとしての事物を見ることになる。そして、地上にはイデアを表現しているものは何一つなく、すべてゆがめられている、と知るのである。

身体オクターヴが、舌による舐めまわしや手で触るという認識方法ならば、第二のオクターヴを肉体にした、つまり月の身体を持った存在は、空気オクターヴが感じたような空気の圧力感を、月の身体における舐めまわし記憶として扱うことになる。

本来の舐めまわし記憶というのは身体で接して記憶するということであり、食べ物を食べるというのも、舌で味わうものだからこの舐めまわしと同様のものだ。喉越しなども、その感触がはっきりと刻印される。ということは、第一の身体から第二の身体に比重が強まった人は、具体的に触れ、舐めまわし、舌に乗せるというような行為からはしだいに疎遠になっていくということになる。触ることが楽しめなくなっているのである。

概念の故郷

思考オクターヴの限界点ミ12が外宇宙の星雲界のH6に進化するというのは、図形や数字のような基礎概念の故郷に到達することを表す。そこは概念が生まれた故郷である。その先に概念はなく、概念はそこから生まれてきたものなのだ。通常の思考H48は、地球上での経験によって育成されてきたものだが、人間は〝思考とは個人が持っているもので、個人は思考することができる〟と勘違いしている。なぜなら、H48は十分に低次元なので、それは分裂し、孤立した存在性だからだ。だが、概念思考に個別のものはない。だから、個人が所有できる思考は存在しない。元の星雲界まで戻ると、個人として所有できる概念、思考などないことをますます自覚することになるだろう。

エジプトの太陽神ラーはオリオンベルトのアルニタクからやって来た存在で、彼らのメッセージを受信した地上の神官たちは、その教義をタロットにしたという話があるが、タロットはこの概念思考の限界的な単純さを示しているわけではない。とはいえ、概念・イデアが地上的に広がっていく（つまり細分化、個別化されていく）原初的な段階を表現しているとは言える。

先にも書いたが、オリオンベルトは基本的に三角形、3の数字の概念を明確に表している。3の数字は増やす性質で、それはさまざまに分裂し、細分化していく植物の芽のようなものだ。星雲界に接触し、思考にも感情にもH6の力が満たされると、根元的な概念がそのまま地球の地上生活にまで反映されていくことになる。

話が戻るが、H12が腰から上昇して頭を突き抜け、外に出てからまた戻ってきて松果腺に新しい概念を持ち込んだとき、空気オクターヴの身体は空気の中にそれを埋め込む。空気H192の中に特定の熱感を作り出すと、これはH96の火の塊があることになり、エーテル的視野を持つ人は、それを映像として認識する。

身体オクターヴは地上的な記憶を、触る、舐めまわすということで記憶しているが、この身体オクターヴが持つ記憶にこの新しい情報は照合できない。

わたしがこの世的でない異様な映像を見る時には、この映像には舐めまわし記憶が対応できないか、あるいは舐めまわし記憶をばらばらに解体し、部品をつぎはぎして構成するか、そのどちらかになる。身体オクターヴにおいて連続した事象の記憶は、空気オクターヴを主役にしていくと空気オクターヴのありかたに忠実に再構成するので、目や鼻の位置がおかしなところに置かれた顔や、ちぐはぐな形に組み立てられた星条旗などにコラージュされていくのだ。

部品をつぎはぎすると、身体オクターヴ側の記憶の連続性は作られない。一方で舐めまわし記憶に依存すると、この異次元的な印象は対応するものがないので取りこぼすことになる。つまり昏睡するのだ。人間は三つの層が協力することで初めて存在するということは、身体が取り残されると、それは昏睡するということになるのではないだろうか。

マルクトとイエソドの間にはいくつかの階段がある。それは物質体マルクトとエーテル体イエソドの二つがくっきりと分かれているというよりも、振動密度の濃淡が違う複数階層である。ここから上がってきたものが、一眼レフカメラのミラーに当たったように頭の中で回折して、前方に投影される。概念思考がこのエネルギーに型押しして映像化する。先に書いたように、この概念は、上空に上がってから降りてきたもので、これに下から上がった身体、空気オクターヴの力がぶつかるということだ。

このマルクトとイエソドの間の階層は七つとみなし、これに目安として一番下を1、その上に2という具合に番号をつけてみよう。この七つは一番上がイエソド、一番下がマルクト。すると、2はマルクトにかなり近いので、濃厚で物質的なものになる。呪術で活用されているのはこのあたりかもしれない。まん中よりも上になると、ほとんど物質界には合わせられない。

肉体的な位置関係としては、H96はおもに丹田あたりにある。だから、この下から上がる川というのは、足から、腰から、丹田から、と広い範囲を考えるほうがより自然だ。

マニラで見ていた自殺者Ｃｒの映像だが、顔ははっきりわかった。それはアサハラショウコウのような顔をしていた。わたしはスカイプで見て知っていたＣｒの顔と比較すると、もっと水ぶくれした感じだった。でも、身体は曖昧で、太めということしか記憶にない。水ぶくれした感じなのは、この水という感情に浸されすぎて、この中で自分の顔がしだいに溶け始めているというようでもあった。つまり水に浮く死体ということかもしれない。しかし、わたしが眠りかけた時にベッドを強く揺すぶったことを考えると、映像認識レベルよりももう少し濃度の高いエーテルレベルだったのかもしれない。

映像認識よりももっと濃密な知覚というのは、身体オクターヴが持つ舐めまわし記憶に関連する。先に書いた西丸震哉の体脱のように、濃密な体脱では目が見えず、身体はモノに触れる。この濃密な幽体は、イエソドからマルクトまでの7段階では、下から見てレベル２に該当するのではないか。それは物質にぶつかると痛いというふうに物質を認識するのだ。

　このレベル2のエネルギーに概念思考をつきあてると、それは映像化するよりも、もっと原始的なものを刺激することになる。つまり、目は見えないけれども、洗濯機に当たると痛いのだから。実際、わたしがマニラで自殺者Ｃｒにベッドを揺すぶられた時、右手を鳥のくちばしのようなもので噛まれ、とても痛かった。つまり、目は見えないが痛かったのだ。こういったことを呪術的に使用する場合、映像認識ではなく、身体オクターヴが持つ感覚に近い実感を活用することになるだろう。井戸の中から出てくる貞子は、髪の毛が長く垂れていて目がよくわからない。そして床を這って近づく。これはレベル2のエネルギーに近いのではないだろうか。

　わたしは黒曜石を見ていると足がむずむずしてくる。足の中にある生命的な要素は上昇していくが、その外皮や足先がそれに追従しないために、動く部分と動かない部分が分裂してしまい、これにむずむずとした居心地の悪さを感じるという印象だ。映像を見る時に、昔から言われているのは丹田から引き上げるということだが、実際にはもう少し低いところから引き出すこともあるということだ。

精神は常に、物質よりも軽いレベルのH96あたりから作用を与えることができる。とくに素粒子は精神と連動するというアーノルド・ミンデルの発想からするとそうなる。精神は原子を動かすことはできない。しかし原子よりもミクロな素粒子とは連動できる。となると、この腰からエネルギーが上がるルートを思い浮かべたり、精神で働きかけたりすると、その流れはよけい活発化するということになる。正確に言い直すならば、〝精神はこれらの物質に働きかけることができる〟というよりも、〝これらの物質自身が持つ進化の欲求によって自ら進んで精神に従おうとする〟という意味だ。

空気オクターヴを見る

黒曜石を見る時に、腰から上がってきたエネルギーは、丹田の位置（必ずしも前後位置は考えなくてもよい）なども通過しながら松果腺に達する。ここで情報から持ち込まれた概念思考とつきあてられて前方に方向転換し、目の前にあるスクリーンに映像が投射されるというイメージを描くとよいのではないだろうか。下から持ってくるものは、身体の下側にいくほど濃くなる。これはアンタレス・マトリクスの上下のパイプと前後のパイプを使うと考えるといい。

アンタレスはS4度くらいにある。およそアナハタに近い場所だ。頭頂部はそれぞれの人の北極星となる。感情オクターヴは上昇して頭頂部に至り、そして降りて来ると頭の中で待機している思考オクターヴにつきあてられ、感情オクターヴが受け取った圧力感の印象をこの思考オクターヴは概念へと変換する。この時、身体オクターヴは取り残されるのだが、もしもここに身体オクターヴが関わると、身体オクターヴは自分が持っている舐めまわし記憶から新しい概念に相応するような具体的イメージを当てはめていくことになる。だが、それでは地上的な記憶にねじ曲げられることになる。

たとえば、どんぶりの形に似たディスクを見たとしよう。すると、身体オクターヴは実際のどんぶりを思い出し、カツ丼を見たと変換する。知性体に遭遇した時ですら、高校時代の同級生の姿を貼り付けたりする。しばしばエジプト時代のことを高校生として象徴化することがあるので、その時代に関わっていたであろう存在は高校の同級生になってしまうのだ。

いろんなヴィジョンを見ても、それは主観性が入った思い込みの情報ではないかと感じたり、白日夢のように思えたりするのは、身体記憶＝舐めまわし記憶が借用されるからだ。身体オクターヴの器がないと認識ができないので、身体記憶を借用しなくてはならないのである。

ある日のことだ。半蔵門線の電車に乗り、ドアのガラスに映った車内の光景を見ていたら、わたしの右後ろに人影が立っているのに気づいた。鏡を見つめると自分の周囲に死者が見えるというメソッドと同様、そのガラスに映った人影も死者だったのだが、その時、その死者が指揮者の西本智実のような顔をしているとわたしは思ったのだった。着ているものも黒い服だった。この西本智実の顔は、わたしの舐めまわし記憶、身体オクターヴの記憶を借りたものなのである。つまり、この時に空気オクタ一ヴが感じた波動的、雰囲気的なものに、比較的フィットしそうな記憶を身体記憶の中からごそごそ探し出し、該当したものが西本智実だったというわけだ。わたしたちは、実生活では身体記憶がメインであり、空気オクターヴの認識はサブだと教え込まれているので、この人影は西本智実に関係した何かだと思い込んでしまうかもしれない。表象を事物から剥がしていくというのは、身体オクターヴに寄り添う空気オクターヴをそこから分離して、空気オクターヴそのものを直接見るということなのである。

空気オクターヴそのものにはあまりディテールがない。細かいディテールは身体オクターヴの記憶なのだから。身体記憶は、生まれて以降ずっと作り続けられてきたものなので、身近な記憶で満たされている。だから、宇宙に飛んだ時に、その宇宙の映像を見ようとすると身体オクターヴの記憶のどれかをかき集めてくることになり、するとスターウォーズのようなものになったりするのだ。

より正確にしていくには、空気オクターブそのもので認識してしまうことだ。先に印象オクターヴは概念思考だと説明した。正確な三角形はこの世には存在せず、測定してみるとどれも微妙にでこぼこしている。この場合、三角形という概念は印象オクターヴが抱き、身体オクターヴは手触りで確かめてどこにも正確な三角形はないと言う。空気オクターヴにこの概念思考の三角形を投影すると波動的に捉えるので、それは燃える赤い三角形のように見えるかもしれない。

黒曜石を見るということはエーテル体を見ることから始まると言ったが、これは空気オクターヴを見ているということに等しい。わたしが電車内のガラスに反射した死者を見たというのは、空気オクターヴで受信し、そして身体記憶の中から西本智実を当てはめたわけだが、西本智実という器を取り除くと、漠然とした波動、雰囲気のようなものになり、「落とし所のない」印象になる。

この月の身体、エーテル物質、空気オクターヴを「落とし所」にするような認識力を持つことに抵抗するのは、身体を持つ個体、すなわちここにいる〝わたし〟を重視する姿勢である。ここにいるわたしの手、わたしの目、わたしの感覚。これを重視すればするほど、空気オクターヴの認識は「思い過ごし」になってしまう。

空気オクターヴを「落とし所」にすることは、身体オクターヴで受ける地上の体験や、物質的な欲求などを断念することによって進みやすい。たとえば、車を買うのをあきらめて、車のイメージでもう満足すること。あるいは、むしろ車が表す象徴的な意義などで満足すること。この断念は、まだ現世に対する期待感が強い場合にはなかなか無理な話なのだが。

黒曜石をじっと見ている時に、概念思考としての三角形――赤い燃えるような三角形を空気オクターヴの中に作り出すということをしてみるとよいかもしれない。以前、水晶スクライイング*を教えていた時には、タットワ図形*を見るということをしていた。これはゴールデンドーン（黄金の夜明け団）で行われている方法だ。

黒曜石にエーテル体のもやもやが見えるようになったら、次はこの概念思考を型押ししてみる。紫の楕円。青い丸。赤い三角。銀色の欠けた月。黄色い四角……。

印象オクターヴの概念思考は空気オクターヴの限界点を突破させ、ミの音をファにしていくので、空気オクターヴはこの印象オクターヴの型押し

＊スクライイング
水晶球や黒曜石などを見つめることでエーテル体などの映像を認識すること。スクライングとも言う。

＊タットワ図形
インド哲学における五大元素のシンボルを、ゴールデンドーンが西洋魔術に取り込んで作りあげた図形と言われ、瞑想に用いる。25種のシンボルからなる。

に喜んで従う。一方で、印象オクターヴは身体オクターヴを助けないのである。

身体は〝いま・ここにあるもの〟なので、外には広がらない。しかし空気オクターヴは空気のあるところ、どこにでも移動する。したがって、空気オクターヴ上にできた赤い三角は、他の人にも影響が及んでしまう。いわば〝赤い三角な気分〟になってしまうのだ。ただし、わたしたちはいつも身体オクターヴにプロテクトされているので、身体の側に沈んでいる人はこの赤い三角の影響を受けないように頑張っているとも言える。身体オクターヴは〝墓場〟というような意味で受け取ってもらってもいい。とすれば、空気オクターヴはその墓場を彷徨う亡霊のようなものだ。

集団探索

集団探索をすると、全員が同じものを受け取っていることがある。それぞれの身体記憶に照合されてそれぞれ異なる映像に変換されるのだが、その時に受け取った本質が同じ場合があるからだ。この場合、身体記憶、舐めまわし記憶、つまり先ほど書いた西本智実的なものを次々と剥がしていくと、共通した波動的な認識というものが得られる。すでに書いたように、宇宙に飛び出すことができるのは空気オクターヴの先端部であるソ12しかない。空気オクターヴは、もっとも重いところではH192の空気となり、一番軽いのはH12となる。

集団探索で同じものを見るというのは、身体オクターヴのプロテクターを一時的に解除することで空気オクターヴが空間に広がってゆき、その集団がいる場所を包み込んでしまうことになるからだ。

空気オクターヴはH192からH12までの範囲にあるものなので、集団探索の参加者たちは、彼らの中でもっとも速い空気オクターヴの身体を持つ人が拾ってきた情報を共有することになる。つまり多くの場合、最もH12が豊富な一人が仕切るという結果になるわけだ。ある女性へミシンク・インストラクターは、彼女自身がこの集団の場を統率することを公言し、全員を目的のフォーカスに連れて行くガイドのようなことをしている。そのおかげで、この女性インストラクターのセミナーに参加すると、とてもはっきりとした映像や情報が得られる。そして常に参加者は一緒に同じ場所へと向かう。しかも、ヘミシンクをしている人全員が見ている映像の中に、必ず彼女が出現するのだ。

Ｈ12はＨ48を使ってＨ24を生成し、Ｈ24はＨ96を使ってＨ48を生成する。このようにして空気オクターヴはＨ１９２にまで降りてくるが、それよりも下には降りることはない。また思考オクターヴのほうはＨ48よりも重い部分にまでは降りることができない。わたしたちは、空気オクターヴのソ12を使って、星雲界に行くことができるが、反対に、星雲界の存在は、Ｈ１９２にまでは降りることができるのである。

わたしがスピカに行った時、帰りに「一緒に連れて行け」と言ってきた存在は、わたしの通路を使って地球のＨ１９２にまで降りることができるということだ。わたしはこの存在を背負い、細い銀線の上を軽いグライダーのようなものに乗って降りていった。これはアンタレス・マトリクスで、頭の後ろ上から前方の下に向かう斜めライン（ディセンションライン）で、この前方に傾斜する銀線をたどったということだ。

アンタレス・マトリクスのこの斜め前方を降りていくルートを開発すると、この通路を借りて宇宙人がやってくる。ただしＨ１９２の段階までである。スピカの存在も、わたしの通路がなかったら地球には来れなかった。わたしの背中に乗って斜め下に降下していくというルートは、つまりはわたしの通路を使ったということになる。

そもそもわたしはスピカに行くのに通路がないと思っていたのだが、先にも書いたように、数人の男たちが溶けて自らがパイプとなってくれた。このパイプはアンタレス・マトリクスで、斜め上に向かうラインで（つまり、斜め上のスピカに向かい、それから斜め下に地球に降りたということだが）、このラインをその男たちに作ってもらったということになる。人類はレムリア時代には筒の形をしていて、アトランティス期になると実験的にいろんな人体の形を作っては放置したりを繰りかえしていた。こうした記憶の層を使うことができるなら、人体から筒になったり、筒から人体になったりすることができるのだ。

斜め後ろから前方下に向かうディセンションラインが太くなると、たくさんの宇宙人が通路として利用することになる。そして、これが便利だと知られてしまうと、発着数の多いロンドンのヒースロー空港みたいになってしまう。また星雲界に行く場合には、上方に向かう斜め通路を使うことになるので、人体から筒に変化するというイメージを使うとよりスムーズだ。

身体の舐めまわし記憶を借りずに直接に空気オクターヴを認識することができたら、目の前を歩いていく異界の存在とか、身体を貫通して通り過ぎる存在とか、いろいろな光景を見ることができる。だが一方で、身体オクターヴを「実」、空気オクターヴを「虚」という普通の見方が逆転してしまい、空気オクターヴのほうを重視するようになると、空気オクターヴにおいての体験が身体オクターヴの記憶を遮るようなことも起きやすくなり、ふとした衝撃で記憶が途切れたりすることもよく生じる。

身体オクターヴと空気オクターヴ

星雲界から来た魂にはハイブリッド種がいて、たとえばアルクトゥルスとシリウスの混合もあると、先に書いた。シュタイナーは、ゾロアスターのアストラル体はヘルメスに、そのエーテル体はモーゼに譲渡されたと説明している。人間が身体オクターヴ、空気オクターヴ（感情体）、印象オクターヴ（思考体）の三つでできており、さらに空気オクターヴの身体と印象オクターヴの身体は外部から来ているということを考えれば、このハイブリッド種においてはアストラル体がアルクトゥルスによって形成され、エーテル体がミンタカで作られ、そして身体は地球のものという存在が出てくることはそれほど不自然ではない。

　今日では、自分の三つのオクターヴのうち、身体がリアルであり真実であると多くの人が考える。これはそう「考える」というよりも、そのように見なす習慣があり、そのように考えるように躾けられたということでしかないのだが、自分は京都で生まれ、にしんそばを食べて育ち、けっして*ラス・アルゲティから来たのではないと思う人がほとんどなのである。この身体は、重い振動のものである金属や鉱物まで含むので決して飛ばない存在形態となっている。しかし身体は食物でできているので、食べるものを毎日少しずつ変えていけば、この身体を構成する材料の比率は変わって

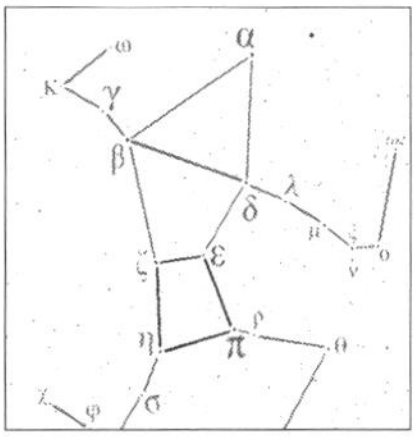

＊ラス・アルゲティ
ヘルクレス座α星のこと。

くる。空気オクターヴと印象オクターヴの個性に少しずつ馴染んでいけば、身体的にも少し変化するということはありうるのだ。つまり、魂がシリウスBの人が、しだいに猫のような顔になることはありうるというわけだ。ただし、少しだけだが。身体オクターヴはあくまで地球のものであるのだから。

身体オクターヴと空気オクターヴは呼吸によって結びついている。吐くのは身体。吸うのは空気の側。凹凸の関係で身体オクターヴと空気オクターヴは結びついているので、呼吸するつど、空気オクターヴのほうの身体もまた膨らんだり縮んだりしている。この二つはネジで留めてあるようなものではなく、いわば磁石でくっついているだけというようなものなので、どちらかにショックをかければ簡単にはずれてしまう。空気オクターヴは感情体であるから、身体が受け止めきれないほどの強烈な感情を抱いただけで身体から軸がずれてしまう。身体が硬直して、たとえばひどく疲れ果ててもう動けなくなったのに感情は興奮しているという状態の時も、簡単にはずれる。身体は壊れやすいガラス細工のようだが、それにくらべて感情体は強烈すぎるので、これはシュタイナーが「アストラル体は身体を破壊し尽くします」と言うように、空気オクターヴは腫れものに触るようにおそるおそる身体に接しなくてはならないのだ。

空気オクターヴが強くなりすぎて身体が合わせきれなくなった場合は、「身体の調子が悪い」という症状として出てくることになる。身体を軸にしたところに運動・本能センター、性センターがあるので、ご飯を食べて運動して、そしてセックスするという三つの項目を重視すれば、空気オクターヴは身体から去っていかない。反対に、この三つからだんだんと関心が後退すると、空気オクターヴはよそ見を始める。

ただ、ダイアン・フォーチュン*は、異次元の相手との性的行為、つまり日本や台湾などで知られている「鬼交」はこの世界への適応をしだいに困難にすると書いている。だんだんイライラとして、神経がおかしくなってくると言う。しかし、いわゆる「二次元的」交流は、相手のイメージが人間なので鬼交のカテゴリーに入らない。

空気オクターヴは隙あれば逸脱する。知人のK氏は、彼の死の数ヶ月

*ダイアン・フォーチュン　1890～1946年。イギリスの魔術師で、小説家としても作品を残している。内光協会という魔術結社を設立した。フロイトやユングの影響を受ける。性魔術の研究でも知られる。

前から、空気オクターヴが強くなりすぎて身体にうまく噛み合わない時が増えていた。コーラの2リットル瓶を倒して部屋中にぶちまけたのにそれに気がつかなかったり、雨の日に傘をさしたまま自転車に乗って赤信号で交差点を渡り、それを回避しようとしたバイク乗りが転倒事故を起こしたりしていた。つまり、すでに身体センサーの信号を見ていない時間のほうがどんどん増えていったのだ。肉体の目がもうあまり働かなくなっていたわけである。〝いろりの老人〟というハイヤーセルフのガイドとの会話のほうが、日常の生活よりもリアルになってしまっていた。加えて、身体オクターヴのほうの体験に面白いものがあまりない。期待できるものが少なすぎて、きついばかりだ。こういう場合、病死か、あるいは突然事故死したりする可能性が増える。長い間食べないと死ぬのは当たり前だが、空気オクターヴが身体に興味を持たないと、空腹という信号もやがて伝わらなくなってくるのだ。

思考（印象）オクターヴと感情（空気）オクターヴと身体オクターヴの三つが協働しないと人間存在は維持できないが、中でも感情オクターヴを中心に考えるのがよい。今日的な考えでは多くの人が身体オクターヴを中心とみなすが、それは明らかに間違った考え方だ。とはいえ、個人というものを重視するには、身体オクターヴを中心に考えないことにはうまくいかない。

身体オクターヴと空気オクターヴの身体は呼吸によってのみ結びついているので、呼吸リズムを故意に狂わせるとこの二つは少し離れていく。吸う息と吐く息のリズムを均等にしない形で呼吸法をすると、ずれていくのだ。そもそも、過呼吸をもたらすグロフ・ブリージング*は、この二つをずらしてしまう技術である。ある時代からエーテル体と身体はぴったりと張り付くようになったので、それ以後は身体オクターヴと空気オクターヴは同じものとみなされるようになったが、過呼吸によって空気中のエーテル成分を過剰に取り込んで空気オクターヴが強くなりすぎると、身体オクターヴが見ている世界と空気オクターヴが見ている世界は違うものとなり、生まれる前の体験を思い出してしまうということにもなる。

すでに何度か言及したが、黒曜石の上にもやもやしたエーテル物質を見

*グロフ・ブリージング
トランスパーソナル心理学の創始者の一人であるスタニスラフ・グロフがセラピーで用いる独自の呼吸法。深く速い呼吸法によって参加者を変性意識状態に導く。ホロトロピック・ブリージングとも言う。

るのも、この身体オクターヴと空気オクターヴを少し引き離すことに大いに貢献する。そのため、黒鏡にエーテル体を見る時に呼吸法を伴うと、このエーテルは濃くなる。また手の平から放射されるものを当てても強まる。あるいは満月近くの時期であったり、またはエーテル物質が三層の上にあるもの、つまりパワーストーンや水晶なども、これを強める。水晶はH96―384―1536である。水晶にとってH96とは神のようなものなので、決してそれを手放さない。それがレコード（記録体）として活用されている理由だ。

　空気オクターヴと身体オクターヴをぴったりと張り付かせてしまい、身体が見ている世界のほうが真実であると教えられてしまうと、空気オクターヴの知覚で感じ取ったもの、つまり空気中を何かが歩いていたり、不思議なものを見たりというのは、すべて「疑わしい体験」や「錯覚」であると思い込まされてしまう。これは身体オクターヴが支配者であるという押し付けによって、空気オクターヴは肉体の随伴機能だとされてしまうことから生じる。ということは、身体オクターヴと空気オクターヴはもとも

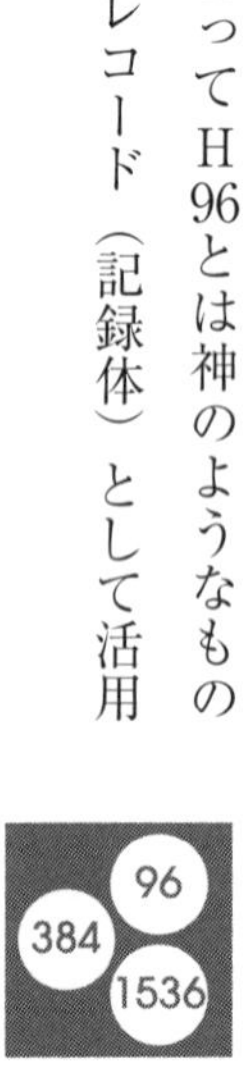

と同じものを見ていないということをはっきりさせれば、このような混乱した考えは生まれてこない。身体オクターヴからは空気オクターヴが体験したものはすべて気のせいだとしても、この「気のせい」ということに少なくとも独立権が与えられるのだ。

呼吸の吐く・吸うリズムを故意に狂わせることで身体オクターヴと空気オクターヴは乖離するが、言いかえれば、不安定な人はもともと空気オクターヴが身体オクターヴとうまく噛み合っておらず、呼吸が乱れている人だと考えてもいいのかもしれない。吸う息、吐く息は、情報のインプットとアウトプットや、問いと回答という噛み合わせにも関係する。息をしているのは「?」と「!」の交互運動なのだ。問いと回答とは、印象オクターヴのド48が空気オクターヴのミ48に付加ショックを与える関係だが、エニアグラムのインターバル三角は連動している。3と6を足すと9になる。つまり思考と呼吸は、表と裏の関係のようにして連動している。

星雲界に飛ぶのは空気オクターヴのソ12だけだと書いたが、それがラ6となって戻ってきて、それ自身ドの音になって思考のミ12に付加ショックを与えた時、印象オクターヴはファ6になる。身体だけは地球人だが、空気オクターヴも、また印象オクターヴもH6、すなわち星雲界の所属になり、ここではハイブリッドとして存在するという形態は比較的多めであると考えてもいいかもしれない。

恒星パランについての説明でも言及したが、惑星はH48、恒星はH6で、この振動の違いは極端に大きく、惑星は恒星の力を直接受け止めることはできない。ここでは仲介になるものがどうしても必要だ。H48の鈍重な知性は、H6をとうてい理解できないのだ。それに法灯明と自灯明のギャップもある。H6はH24が受け止める。H24とはH6の粗悪なコピーだ。H24は全惑星意識であり、「全惑星意識から見た個別の惑星の役割」という観点で、間接的に惑星は恒星を受け止める。

惑星H48はじっと座っているというイメージだとすると、H24は怠けず、常に機能しているというような違いがある。怠慢だったH48が努力し続けるとH24に少し近づき、そしてH24は粗悪なH6のコピーとして恒星の性質を持ち込む。グルジェフは、このH24化を「超努力」と言った。

たとえば、火星がシリウスとパランになった場合、火星は座ったままではシリウスと関わることができない。そのため、死にそうになるほど山野を駆け回り続ける修験道をすることで、シリウスと火星は結びつき、その人は駆け回る中で超常体験をする。

H24は自灯明なので、「自分は怠け者だから何かに参加して努力するための刺激を受ける」というH48の法灯明的姿勢では、それはきっかけにはなっても、H24には近づけない。H24は低速変性意識である。特定の惑星に恒星がパランしている時、この惑星の示す分野、行動、特性を超努力的に発揮することでH24化していく、つまり変性意識にしていくことで恒星と結びつこうとするのは、その人流の変性意識を発揮させることと恒星への旅を両立させる可能性がある。

シジルを作る

自分が考えたことを簡単な図形にする。そして何日か後にこの図形を見て、どういうことを考えたのかを思い出してみる。考えたことについてはメモを取らない。この時の図形のことをシジル（sigil）と呼ぶ。そして、この図形を黒曜石でエーテル体の渦に映し出し、その図形をはっきりと見る練習をするのだ。もしも黒曜石のエーテル体にその図形が見えたならば、それは場所を超えて発信される。必ずリアクションが戻ってくるのだ。

この図形を黒曜石の上のエーテル体のもやもやに投影し、視覚的に見る試みをすると、この概念記憶の図形にまずは空気オクターヴがついてくる。わたしたちがこの地上を這い回っているのは、内臓記憶と体壁記憶に縛られているからだが、それゆえにこそ、概念記憶から空気オクターヴにアクセスすると、わたしが体験したように、六角形を思い浮かべるだけでスピカに体脱するということも起こる。

つまり、飛ぶ力を身につけるには、概念記憶が、空気オクターヴだけでなく舐めまわし記憶と体壁記憶までをも連動させてしまわないようにすることが重要なのだ。概念記憶に空気オクターヴ、つまりすべてを波動的に捕らえる知覚だけを連動させるのだ。この記号からアクセスするというのは、知性のH12を訓練する方法でもある。

基本的に、印象オクターヴは空気オクターヴを助けるが、身体オクターヴのことは助けない。つまり、概念記号は空気オクターヴの波動性を喚起はしても、内臓記憶、体壁記憶に関しては知らんぷりだ。たとえば、シジルとして記号化されているが、それが作られるまでの具体的な記憶がないものについては、非個人的な空気オクターヴの力を喚起すると言える。たとえば、シリウス語としてのエノク語などを使ってみるのも興味深い。この場合、一つの文字を見て、そこに関係するものに飛ぶということになる。バイノーラルビートで飛び、黒曜石で見るのだ。

スピカ

わたしの銀河ツアーコースには入れていないが、わたしがもっとも魅了されているのは、実はスピカだ。30代のある日、腹というか臍のあたりに六角形を思い描いたことがあった。すると、いきなり振動が始まり、わたしは体外離脱を始めてしまった。そして、ある星を目指したが、そこへの通路がないことを知った。すると、複数の男たちが自分たちの身体を溶かして、筒を作った（このことにはすでに何度も言及しているが）。わたしはこの筒の中を回転しながら進み、目的の星に着いたのである。その星のあまりに魅力的で、なんとも言いようがない洗練された雰囲気に、自分がまさに泥臭い無作法な人間に見えてしまった。

その星の代表者とも言える人物は、わたしがこの星から地球に戻る時に自分も乗せて行けと言った。そこで、その星の住人はわたしの背中に乗り、わたしたちはグライダーのような軽い乗り物に乗って地球に向かって斜めに下降した。その人物に重さはまったくなく、その感触はいまでもはっきりと覚えている。沈黙の暗闇の中に、ゆらゆらと揺れる一本の銀線があり、その上にグライダーが乗って、音もなく下降していく。その時は知らなかったが、このグライダーのような乗り物こそがマカバと言われるものだったのだ。この人物が地球のどこに降りたのかは地図を見せてもらったのでわかった。

毎度のことながら、わたしの宇宙体験はわたし個人のものでなく、集合的なものなのだが、この場合、通路がないと思ったことは何を意味したのか。端的には、今日ではこのスピカとの通路が失われているということだ。それならかつてはあったのだろうか？　ある資料によれば、スピカとの通路はアトランティス時代にはあったと言う。太古の昔のことだから、集合無意識の深層に埋もれているということになる。

わたしが通路がないと思ったその時に、男たちが溶けて筒を作ったということが、わたしに強烈な印象を残した。その時の男たちの雰囲気から察するに、簡単に溶けて、また簡単に生き物に戻れるという様子であった。しかし、完全な再現はできないはずだ。つまり彼らには再現という言葉はなく、再現したように見えても、似てはいるが、もう新しい違うものになっているのではないか。これがシリウスのすさまじさだと思う。

とはいえ、やはり、わたしの記憶の中に既知の印象がないので、スピカで見てきた光景をどう表現していいのか、わたしにはわからない。だが、アトランティスの時代には通路があったという記述を読んで、そしてそのアトランティスの技術の多くがスピカから提供されたものだったということを読んで、かの星のあちこちにあったフォルムはツオイ・ストーンだったようにも感じる。ツオイ・ストーンとは、鉱石の性質を利用した一種の永久機関だ。しかしそれがアトランティスを崩壊させる原因の一つになったとも言われている。わたしは20代の頃、どうやったらツオイ・ストーンを作れるのか、友人のN君から話を聞いたことがあった。すでにN君はそれを試作したと言っていた。アトランティスのツオイ・ストーンは、スピカのシステムを粗悪にしたものだと思われる。また、スピカにいる生き物の生物学的完成度はおそらく頂点的なものだと思う。他のどこにも真似できないだろう。聖域と言ってもいいようなものだ。スピカの作り出した時空間セクトとしての惑星には平地という概念がなく、これがわたしが見た光景をイメージとして再現できない理由の一つだ。いったい全体どうやって表現していいのか。無理に言葉にすると花畑だ。スピカはスパイク、つまり麦の穂だが、それよりも花畑なのだ。

わたしがたどった通路は、思うにシリウスとスピカということになる。シリウス人たちが作った通路をたどったのだ。埋もれてしまったアトランティスの道ではなく、今のシリウス、スピカのラインを、興味がある人は試みとしてたどってみてほしい。

わたしはそもそもこの通路がどうしてできたのかに関心がある。わたしの今の年齢の恒星パランでは金星とスピカがリンクしているので、金星を通じてスピカを取り込むことができるのだが、実際にはきれぎれに取り組んでも長続きはしない。金星は芸術なので、絵を描いたりするといいのではないかと思うが、根気がない。金星、スピカというと、ほんとうにキラキラした洗練されたムードになるが、生活のどこで表現していいのかわからない。まさかファッションで表現するわけにもいかない。というのもわたしはジャージばかり着ているからだ。しかし、体脱して見てきたその星が、いまでもずっと憧れとなっているというのが面白い。ヘルメスのエメラルド・タブレットでも、ヘルメスはある星に行ったところ、そこに激しく魅了されて戻りたくないと思ったと書いてある。その星は何かわからないが、以前にこれを読んだときに、わたしが行った星と同じではないかと思った。

山田孝男*氏の、水晶の円錐と銅を組み合わせたものはN君のアイデア

＊山田孝男
1942～2003年。インド、ネパールでの自らの体験などをもとに独自の瞑想指導を行ってきた神秘哲学者。『山田孝男全集』全3巻が弊社より刊行されている。

を使ったものだが、もちろんツオイ・ストーンをまったくのところ再現できていないことは明らかだ。なぜなら、アトランティスの時代の物質と、今日の物質の性質が違いすぎるからだ。あの時代のエーテル波は、今日の電気に相応していると思われる。アトランティスの時代からすると、今の時代の質量はあまりにも重い。それにしても、ツオイ・ストーンのモチーフとなったスピカの塔は、やはり花としか言いようがない。

p o s t s c r i p t

おわりに

著者は20代の後半の数年、ほとんど人と会わずに暮らしていた時期があり、この時には、空気との関わりが一番重要だった。それは空気の中にある気配に、強いリアリティを感じていたということで、しばしば変性意識に入ったり、また体外離脱も毎日のように体験していた。非常に暇で、猫のような暮らしをしていたとも言える。でも年齢的には、社会の中での活動ということに関心があったし、いろいろしてみたいこともあった。そのため、心身がまだ分裂状態の中にあり、空気との関わりに、もっと飛び込んでみるということはできなかった。

いまは60代で、社会的な活動ということでは、ひとあたり満足した状況で、あらためてずっと以前の空気とのかかわりが重要だった時期を、もっと満足感を持って再現できると感じている。

空気の中に割り込んで、物質として空気を押しのけている成分は、いわば沈殿し死んだ部分を表していて、それはそもそも生命力を失いつつある部分だ。アリストテレスなどの「生命の階段」式に言えば、空気よりも重く沈殿した水、木、鉱物や金属は、空気の特定の場所に黒ずんだ穴を開ける。その場所は、空気よりも不活発なのだが、わたしたちがずっとここにいる、という姿勢を維持するには、これらの沈殿物に、自分を同一化させなくてはならない。死んでいる成分なので、それはなかなか容易には動かない。

一方で空気の中にいる、つまり空気よりも軽い生き物は、空気がある場所どこにでも移動できるし、沈殿した物質に同化した生き物よりも長生きする。空気の濃淡に興味を持っていると、こうしたものに関わりが深くなってくる。実際の嗅覚で感じ取るものではないのだが、わたしは空気の匂いということには敏感だ。ものに深く同化しすぎていると、ものが実体で、空気は空白の場所に見えるが、生命力という観点からすると、ものは形骸化した空白地点で、その周囲の空気こそが、実体というふうになる。ただ空気は区切ることができにくく、広い空間にずっと繋がっているので、そこにいる生命は、いま・ここという限定性を持たない思考性質を持っている。子どもの頃、空気にはキツネが詰まっていて、一匹のキツネの輪郭の外にはまた違うキツネがいて、パズルのようになっており、一匹のキツネをつつくと、世界じゅうのキツネが反応するという夢を見たが、実際にそのような構造をしていると思っている。

いまわたしたちが〝わたし〟と呼ぶものは、黒ずんだ沈殿部分に同化したものなので、死んでしまうと、あらためて空気の存在に戻ることになる。いままで何をしていたのかと聞かれたら、ちょっと沈没していましたと答えることになるだろう。でも生きているうちから、この空気と関わることに慣れてくると、それはあらゆるものに繋がっていることに気がつく。慣れるのはそう難しくはない。

わたしはかなりの数の本を書いているが、そのうちの相当数を、太田穣さんに編集してもらっている。今回も図とか脚注を入れていただいたりと、本格的な本に見えるようなしろものになった。今回もとても感謝しています。また、ナチュラルスピリットの今井社長にもお世話になりました。

松村 潔

著者プロフィール

松村潔（まつむらきよし）

1953年生まれ。西洋占星術、タロットカード、神秘哲学の研究における日本の第一人者。カバラ、グルジェフ、シュタイナーなどの思想もふまえて構築された、独特な宇宙論を提唱する。著書は『ヘリオセントリック占星術』（説話社）、『日本人はなぜ狐を信仰するのか』（講談社現代新書）、『月星座占星術講座』（技術評論社）など多数。

松村潔WEBサイト　http://www.tora.ne.jp/

精神宇宙探索記

●

2017年4月15日 初版発行

著者／松村 潔

装幀／村上智一

編集・DTP／太田 穣

発行者／今井博央希

発行所／株式会社ナチュラルスピリット
〒107-0062 東京都港区南青山5-1-10 南青山第一マンションズ602
TEL 03-6450-5938 FAX 03-6450-5978
E-mail: info@naturalspirit.co.jp
ホームページ http://www.naturalspirit.co.jp/

印刷所／中央精版印刷株式会社

ISBN978-4-86451-235-0 C0011